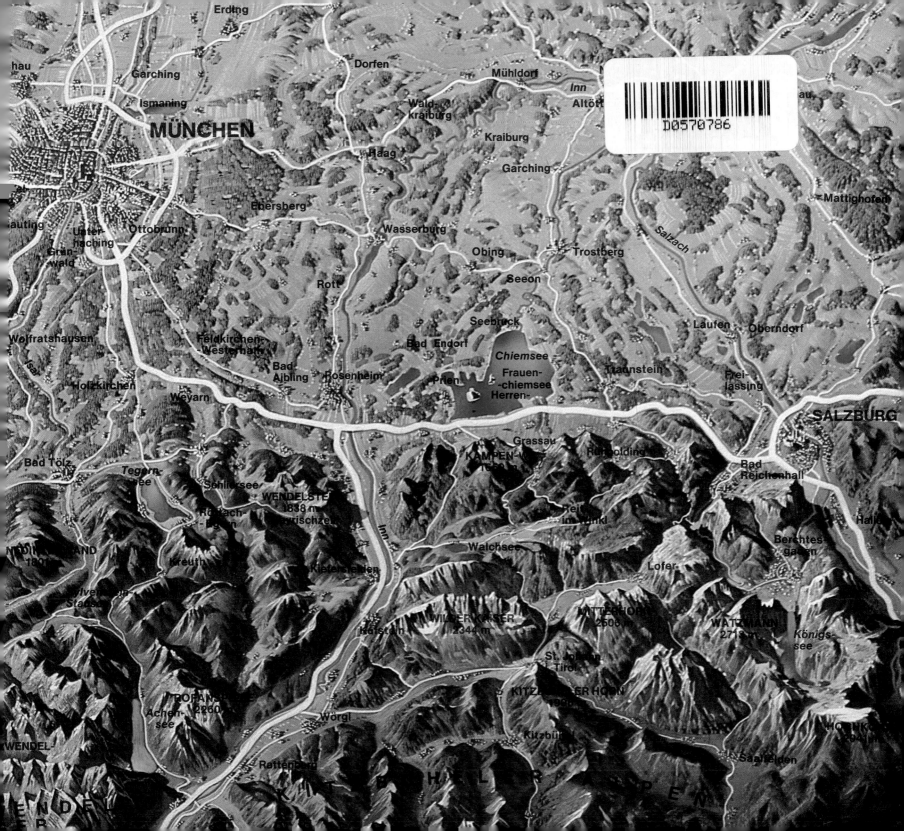

BILDFOLGE – Traumstadt MÜNCHEN
CONTENTS – The dream city MUNICH
CONTENU – Ville magique MUNICH

*Rundfahrt in die Umgebung von München
und zu den Königsschlössern Ludwig II.*
*Trip to the surroundings from Munich
and the royal castles Ludwig II.*
*Voyage dans les environs de Munich
et vers les châteaux rovaux Louis II*

Traumstadt
MÜNCHEN/MUNICH

Mit der Umgebung und den Königsschlössern Ludwig II.

Text: Walter Stelzle

Residenz: Bayerische Königskrone

ZIETHEN-PANORAMA VERLAG

Walter Stelzle

TRAUMSTADT MÜNCHEN

Der König wollte „aus München eine Stadt machen, die Deutschland so zur Ehre gereiche, dass es keiner kennt, wenn er nicht München gesehen hat". Um diesen Traum zu verwirklichen, schuf König Ludwig I. monumentale Bauten, großartige Platzanlagen und eine wahrhaft weltstädtische Prachtstraße. Und er hat sich damit in eine imposante Reihe Wittelsbacher Herrscher gestellt, die vor und nach ihm allesamt von der Bauleidenschaft gepackt waren. Sie haben München ein von griechischen Säulen, italienischen Barockfassaden und französischem Stuck geprägtes, südländisches Stadtbild gegeben. Ein heiterer Grundakkord prägt das Lebensgefühl, das die Menschen dieser Stadt charakterisiert: „Diese Menschen sind bunt und widersprüchlich. Da mischt sich Schwerelosigkeit mit höchster Intelligenz und Schickimicki mit industrieller Potenz." So jedenfalls sieht ein prominenter Münchner Unternehmensberater die Befindlichkeit des modernen München. Oktoberfest und Christkindlmarkt, Opernfestspiele und „Biennale", Freizeitparadies, das Zentrum von Forschung und Lehre, Wirtschaftsmetropole mit weltweiten Verbindungen und „Millionendorf". Das ist München und sogar noch viel mehr. Wenn in der Freiluftsaison, die in manchen Biergärten schon im Winter angeht, die Tische und Stühle ins Freie gerückt werden, in milder Luft und südlichem Licht unter dem vielbesagten weiß-blauen Himmel die Lust am Leben so unvermittelt zu spüren ist, wird München zur Traumstadt. „Ein deutsches Himmelreich", so nannte der amerikanische Schriftsteller Thomas Wolfe die Stadt und Gottfried Keller seufzte: „Endlich bin ich angekommen in dem gelobten Land".

München, ein Zauberwort, eine Stadt voll Kunst, Kultur und Lebensfreude, die geheimnisvolle Saiten zum Schwingen bringt, die Menschen aus aller Herren Länder in seinen Bann zieht. Die Besucher treffen sich im Herzen der Stadt, am Marienplatz, rund um die Mariensäule, die Kurfürst Maximilian I. 1638 hat errichten lassen.

THE DREAM CITY - MUNICH

The king wanted "to turn Munich into a town which does such credit to Germany that no man can say, 'I know Germany' unless he has seen Munich." To make this dream come true King Ludwig I created monumental buildings, magnificent squares and a boulevard befitting a metropolis. And by doing so he joined an impressive series of Wittelsbach rulers who before and after him, without exception, were all gripped by a passion to make their mark through architecture. They have given Munich a southern European townscape distinguished by Greek columns, Italian baroque façades and French stucco. The exuberant basic chord shapes the awareness of life that characterises the people of this town: "These people are varied and contradictory. Weightlessness is mingled with the highest intelligence and trendiness with industrial strength." That, at any rate, is how a prominent management consultant sees modern Munich. Oktoberfest and Christmas Market, opera festival and Biennale, leisure paradise, centre of research and science, industrial metropolis with worldwide connections and still a village, in spite of its over one million inhabitants. All that is Munich and much more besides. When in the open-air season, which in some beer gardens even begins in winter, tables and chairs are moved outdoors and in the mild air and Mediterranean light the enjoyment of life becomes palpable, Munich turns into a dream city. "A German heaven on earth" is what the American author Thomas Wolfe called the town, and Gottfried Keller, the Swiss writer, sighed, "At last I have arrived in the promised land."

Munich, a magic word, full of art, culture and joie de vivre, with a seductive flair that casts its spell on people from the four corners of the earth, touches a mysterious chord deep down in our heart. Visitors congregate in the centre of the city, in Marienplatz. Gathered around the Mary's Column, erected by Prince Elector Maximilian I in 1638, they wait for the Town Hall tower's carillon.

VILLE MAGIQUE MUNICH

Le roi Louis Ier voulut faire de Munich une ville qui honore tant l'Allemagne que l'on ne puisse dire, «je ne connais pas l'Allemagne sans avoir visité Munich». Pour réaliser ce rêve, le roi fit construire des édifices monumentaux, des places magnifiques et une avenue digne d'une métropole. Ainsi s'est-il placé dans la lignée des Wittelsbach qui avant lui et après lui - sans exception - furent pris d'une passion pour l'architecture. Ils ont su donner à Munich un caractère méridional en parant la cité de colonnes grecques, de façades baroques italiennes et de stucs français. Ses habitants vivent au rythme d'une mélodie insouciante: «ils sont divers et contradictoires; dans leur caractère se mêlent légèreté et très grande intelligence, il y a les mondains snobinards et le potentiel industriel.» Tel est toutefois le commentaire d'un célèbre économiste consultant munichois. Fête de la bière et marché de Noël, festival de l'opéra et «Biennale», paradis de loisirs, centre de recherche scientifique et universitaire, métropole économique aux relations internationales et «village au million d'habitants»: tout ceci et encore bien davantage, voilà Munich. Quand au début de la belle saison - qui dans certains jardins de bière commence déjà en hiver - on installe tables et chaises à l'extérieur, que l'on respire un air doux baigné dans une lumière méridionale, la joie de vivre se fait palpable. Munich devient cité magique. «Un paradis allemand sur terre» disait l'écrivain américain Thomas Wolfe et Gottfried Keller, l'écrivain suisse, disait dans un soupir: «J'ai enfin touché la Terre Promise».

Munich, un mot magique, une cité riche en œuvres d'art et de culture, une ville qui vibre d'une mélodie ensorceleuse. Son atmosphère fascinante attire des hôtes du monde entier. Les visiteurs se rencontrent au centre, sur la Marienplatz. Autour de la colonne (Mariensäule) que le prince-électeur Maximilien Ier fit élever en 1638 en l'honneur de la Vierge, ils attendent que de la tour de l'Hôtel de Ville retentissent les mélodies du carillonavant de passer dans la zone piétonnière, «le salon».

Dort warten sie auf das Glockenspiel am Rathausturm mit seiner berühmten Melodie, um anschliessend durch die Fußgängerzone, Münchens „gute Stube", zu bummeln.

Unterhalb des „Alten Peter", der ältesten Kirche Münchens, einen Steinwurf nur vom Marienplatz entfernt, öffnet sich der Viktualienmarkt. Der Viktualienmarkt zählt zu den Legenden der Stadt, auch wegen seines Biergartens.

Die Heilig-Geist-Kirche, nicht weit vom Marienplatz, birgt bedeutende Skulpturen und herrliche Fresken. Das Stadtmuseum am nahen Jakobsplatz ist Heimat der berühmten Moriskentänzer des Erasmus Grasser. Sie zeigen, wie man vor Zeiten im Saal des gotischen Alten Rathauses getanzt und gefeiert hat. Ein Stück weiter, in der Sendlinger Straße, liegt das Kleinod der Asamkirche. Die gläubigen Gebrüder Asam haben ihre Privatkirche gleich neben dem Wohnhaus mit der gesamten „paradiesischen Fülle" ihrer barocken Kunst ausgestattet. Ein paar Schritte sind es jetzt noch bis zum Sendlinger Tor, einem der drei noch gut erhaltenen Stadttore aus dem 14.Jahrhundert. Von dort aus ist es auch nicht mehr weit zu einer Sehenswürdigkeit besonderer Art: Auf dem südlichen Friedhof ruhen so bedeutende Persönlichkeiten wie Justus von Liebig, Max von Pettenkofer, Karl Spitzweg, Leo von Klenze oder Wilhelm Kobell.

An der Isarbrücke „bey den Munichen" mussten die Fuhrleute Zoll zahlen, für das „Weiße Gold", wie das Salz im Mittelalter genannt wurde. Die kleine Siedlung ist dadurch schnell gewachsen und reich geworden. Ludwig der Bayer, der Kaiser aus dem Geschlecht der Wittelsbacher, wählte 1255 München als Herrschersitz. Er ließ den „Alten Hof" erbauen, die wohl erste feste Kaiserresidenz Europas seit der Antike. Aber schon 50 Jahre später, als die Stadt erweitert werden musste, zog das bayerische Herrschergeschlecht um, in die „Neuveste", den Vorgängerbau der heutigen Residenz.

It rings out its famous melody. Then the visitors set off on a stroll through the pedestrian precinct, "Munich's parlour".

Below Old Peter (Alter Peter), Munich's oldest church, and only a stone's throw from Marienplatz, the Victuals Market (Viktualienmarkt) opens up. This is one of the town's legends, one reason being its beer garden.

The Church of the Holy Ghost (Heilig-Geist-Kirche), not far from Marienplatz, houses outstanding sculptures and splendid frescoes. The Stadtmuseum (City Museum) in nearby Jacob's Square (Jakobsplatz) is the home of the famous Morisco Dancers by Erasmus Grasser, carved and painted figures which shows how people used to dance and celebrate in the gothic Old Town Hall in earlier times. From here it is only a short distance to the Sendlinger Tor, one of the well-preserved town gateways dating from the 14th century. And from this point it is not far to a sight of a very special kind: the Southern Cemetery (Südlicher Friedhof), the resting-place of such outstanding personalities as the scientists Justus von Liebig and Max von Pettenkofer, and the artists Karl Spitzweg and Wilhelm Kobell.

At the Isar Bridge called "bey den Munichen" (where the Monks live), carters had to pay customs duty on "white gold", as salt was called in the Middle Ages, since it was so scarce and expensive. The little settlement grew on the strength of this and flourished. Ludwig the Bavarian, the Emperor from the Wittelsbach dynasty, chose Munich as his seat of power in the year 1255. He had the Old Court (Alter Hof) built, probably the first permanent emperor's residence in Europe since antiquity. Only 50 years later, when the town had to be extended, the ruling Bavarian family had to move into the "Neuveste" (New Fortress), the building preceded the present Royal Residence.

A l'ombre du «Alter Peter», (le Vieux Pierre) la plus ancienne église de Munich, à quelques pas de la Marienplatz, s'étend le «Viktualienmarkt», marché aux victuailles, un des lieux légendaires de la ville, notamment grâce à son jardin de bière.

L'église du Saint-Esprit, proche de la Marienplatz, abrite des sculptures et des fresques remarquables. Tout près sur la place Saint-Jacob (Jacobsplatz), le Musée municipal (Stadtmuseum) expose les célèbres danseurs mauresques (Moriskentänzer) d'Erasmus Grasser (1480). Ils documentent les danses et les fêtes qui se déroulaient dans la salle de l'Hôtel de Ville gothique. A quelques pas, dans la Sendlingerstrasse, se trouve ce joyau du baroque qu'est l'église connue sous le nom «Des Frères Asam» (Asam Kirche). A proximité de leur demeure, ces deux artistes très croyants créèrent leur église en recourant à toute «l'exubérance de l'art baroque paradisiaque». Puis, il n'y a que quelques pas jusqu'à la Sendlinger Tor, l'une des trois portes de la ville datant du 14e siècle encore en excellent état. De là, on est très vite au cimetière du Sud (Südlicher Friedhof), où des célébrités scientifiques comme Justus von Liebig, Max von Pettenkofer et des artistes tel Karl Spitzweg, Leo von Klenze ou Wilhelm Kobell ont trouvé leur dernier repos.

Au pont de l'Isar «bey den Munichen», où vivaient les moines, les charretiers devaient payer la gabelle pour «l'or blanc». C'est ainsi que l'on nommait le sel au Moyen Age, alors matière rare et précieuse. La petite colonie s'est ainsi rapidement agrandie et enrichie. En 1255, Louis le Bavarois, l'Empereur de la maison des Wittelsbach, décida de faire de Munich sa résidence. Il fit construire la Vieille cour (Alter Hof) qui devint la première résidence impériale permanente d'Europe depuis l'Antiquité. Mais déjà 50 ans plus tard, quand Munich dut commencer à s'étendre, la famille bavaroise au pouvoir emménagea dans la «Neuveste», le bâtiment antérieur à la résidence actuelle.

Zur Zeit Kurfürst Maximilian I. kam um 1580 ein gewaltiger Prachtbau hinzu, den König Gustav Adolf „am liebsten auf Walzen nach Stockholm gerollt" hätte. Fünf Jahrhunderte lang wurde an der Münchner Stadtresidenz um-, an- und neugebaut. Die Stilmittel von Renaissance, Barock, Rokoko und Klassizismus mischen sich hier zu einem faszinierenden Gebäudekomplex, der zu den großartigsten Schlossanlagen Europas zählt. Das berühmte Antiquarium ist der älteste und prächtigste Renaissanceraum nördlich der Alpen. Die großartige Kaisertreppe, die Ahnengalerie, der zauberhafte Grottenhof und die Reichen Zimmer mit ihren kostbaren Porzellansammlungen sind ein Muss für alle Besucher der Stadt München. Absolutes Glanzstück der Schlossanlage aber ist die Schatzkammer mit ihren erlesenen Kostbarkeiten aus 10 Jahrhunderten.

Unter François Cuvilliés erreichte die Münchner Hofkunst Weltruhm. Seinem Genie ist der Schmuck der Reichen Zimmer im „schönsten Rokoko der Welt" zu verdanken. Mit dem Alten Residenztheater hinterließ er einen Raum von einzigartiger Schönheit. Bei all dem dekorativen Glanz fällt die frühbarocke Krumper-Madonna an der Fassade der Residenz kaum auf. Nachts sieht man dort das Ewige Licht, das für die „Patrona Bavariae" angezündet ist.

Als bereits 1657 die erste Opernaufführung im „neuen Opernhaus" am Salvatorplatz stattfand, war dieser Kunstgenuss dem kurfürstlichen Hof und dem Adel alleine vorbehalten. Das Interesse an der neuen Musikform war sehr groß und die Stadt München erlebte eine große Anzahl von Uraufführungen. Auch der junge Mozart war gerngesehener Gast. Die Bedeutung des Nationaltheaters ist bis heute ungebrochen. So zählen die Inszenierungen dieses Opernhauses zu den internationalen Spitzenereignissen, und zu den jährlichen Festspielen gastieren in München die herrlichsten Stimmen der Welt.

Under Prince Elector Maximilian I a huge and stately building was added around 1580, which King Gustav Adolf of Sweden would have "liked to move to Stockholm". For five centuries, alterations and additions were made to the Munich Residence. Here Renaissance, Baroque, Rococo and neo-classical architecture mingle to form a fascinating group of buildings, one of Europe's greatest palace complexes. The famous Antiquarium is the oldest and most magnificent Renaissance room north of the Alps. The splendid Imperial Staircase (Kaisertreppe), the Ancestral Gallery, the charming Grotto Courtyard and the Rich Rooms with their collections of precious porcelain are a must for all visitors to Munich. But the absolute highlight is the Treasury (Schatzkammer) with its exquisite objects from ten centuries.

In the period of François Cuvilliés, Munich's court art attained international fame. We owe the decorations of the Rich Rooms in the "world's most beautiful Rococo" to his genius. In the Old Residence Theatre he left us a room of unmatched beauty. With all this decorative splendour the early Baroque Krumper Madonna on the façade of the Residence is often overlooked. Here, at night, can be seen the eternal flame that burns in honour of Bavaria's patron saint.

When the first opera performance took place in the "new opera house" in Salvatorplatz as early as 1657 the enjoyment of art was reserved for the princely court and the aristocracy alone. Interest in this new form of music was very great, and Munich experienced many first performances. Young Mozart was a welcome guest. The importance of the National Theatre has continued to the present. The performances put on at this opera house are among the top international events, and some of the world's finest singers give guest performances in Munich at the annual Opera Festival. This city's unique theatre scene comprises some 45 theatres.

Sous le Prince Electeur Maximilien Ier, aux alentours de 1580, on adjoignit un énorme et somptueux bâtiment que le roi Gustave de Suède «eût volontiers fait transporter sur des roulettes à Stockholm». Pendant cinq siècles, on agrandit et remania la Résidence. C'est ainsi que les différents styles: Renaissance, baroque, rococo et néo-classique s'y mêlent et forment un des ensembles les plus fascinants et les plus imposants d'Europe. Le célèbre Antiquarium est la salle Renaissance la plus ancienne et la plus somptueuse au nord des Alpes. Tout visiteur de Munich doit avoir vu le superbe escalier impérial, la galerie des ancêtres, la charmante grotte, les chambres luxueuses avec leurs précieuses collections de porcelaine. Mais le summum de la beauté se trouve au Trésor (Schatzkammer) qui compte des objets admirables de dix siècles: la couronne de l'Impératrice Cunégonde, «la couronne anglaise», que bien des Anglais souhaiteraient voir à Londres, ou l'éblouissante pièce d'orfèvrerie recouverte de pierres précieuses représentant Saint-Georges. La Collection Numismatique nationale et la Collection d'Art égyptien se trouvent également dans la Résidence.

Grâce à François Cuvilliés, l'architecture des palais seigneuriaux de Munich prit une dimension internationale. On doit à son génie les décorations des chambres luxueuses «du plus splendide rococo». Avec le Théâtre de la Résidence , il créa un espace d'une beauté unique. Avoir le privilège d'y écouter un opéra de Mozart, c'est vivre l'alliance parfaite de la musique et de l'architecture. La façade de l'église des Théatins et certains palais princiers autour de la Résidence sont aussi de Cuvilliés.

Quand en 1657 eut lieu la première représentation d'un opéra dans le «nouvel opéra», près de Salvatorplatz, ce plaisir resta le privilège de la cour et de la noblesse. L'intérêt pour cette nouvelle forme musicale était immense et c'est ainsi que Munich vécut de nombreuses premières.

Rund 45 Theater zählt die einzigartige Bühnenlandschaft dieser Stadt. Die Auswahl reicht von so renommierten Sprechbühnen wie den Kammerspielen und dem Bayerischen Staatsschauspiel, zum Theater am Gärtnerplatz und dem Deutschen Theater, die Operette und Musical pflegen, bis hin zu Boulevardtheatern und Experimentierbühnen. Große Namen, Regisseure, Schauspieler, Bühnenbildner, formen die Szene und sorgen für leidenschaftliche Auseinandersetzungen im Publikum. In manchen kleinen Häusern leben die Traditionen der alten Volkssänger fort. Das Kabarett zieht die Linie von Morgenstern und Wedekind, vom Simplicissimus und den 11 Scharfrichtern bis in unsere Tage.

Herzog Albrecht V. holte 1556 Orlando di Lasso, den Kapellmeister des Papstes, nach München und ernannte ihn zum Leiter seiner Hofkapelle. Er gilt als einer der genialsten Komponisten der abendländischen Musikgeschichte. Sein Wirken in München ist einer der Höhepunkte in der so reichen musikalischen Tradition der bayerischen Metropole. Felix Mendelssohn-Bartholdy schrieb 1830 aus München: „Für die Musik ist hier ungemein viel Empfindlichkeit, und sie wird vielfältig ausgeübt." Das hat sich auch später nicht geändert. Im legendären Konzertsaal „Odeon" erlebten einst Clara Schumann und Anton Bruckner triumphale Erfolge. Heute sind viele Pforten für das musikbegeisterte Publikum geöffnet. Zu den bekanntesten zählen der Herkulessaal, der Max-Joseph-Saal und der Brunnenhof der Residenz.

Den bedeutendsten Konzertsaal aber birgt das 1985 vollendete Kulturzentrum im Gasteig. Es gilt als das modernste seiner Art in Deutschland. Das Herzstück dieses Bauwerks ist die Philharmonie mit 2.500 Sitzplätzen. Neben den Schlössern bieten viele Kirchen den festlichen Rahmen für klassische Musik. Königsplatz, Olympiastadion und Westpark stehen für eine Vielzahl von Open-air-Veranstaltungen.

The selection ranges from such renowned theatres as the Kammerspiele and the Bayerisches Staatsschauspiel to the Theatre in Gärtnerplatz, the Deutsches Theater, which stages operetta and musicals, to boulevard theatres and experimental drama. Great names, producers, actors and stage designers make up the scene and give rise to passionate public discussions. In many a small theatre the traditions of the old folk-singers live on. Cabaret continues a long tradition of satirical writing. And the marionette theatre has a famous model in Count Franz Pocci, who developed the puppet theatre in the 19th century.

In the year 1556 Duke Albrecht V brought Orlando di Lasso, the Pope's master of music, to Munich and appointed him head of the court chapel. He is regarded as one of the most brilliant composers in Western musical history, and his activities in Munich constitute one of the highlights in the rich tradition of the Bavarian metropolis. Felix Mendelssohn-Bartholdy wrote from Munich in 1830: "Here there is an uncommon amount of sensitivity for music, and it is exercised in a variety of ways." Little has changed since. In the legendary Odeon concert hall Clara Schumann and Anton Bruckner once experienced triumphant successes. Today many doors are open for the music-loving public. The best-known include the Hercules Hall, the Max Joseph Hall and the Fountain Courtyard in the Residence. But the major concert hall is to be found at the Gasteig Arts Centre, that has been completed in 1985. It is regarded as the most modern of its kind in Germany. The heart of this building is the Philharmonie with a seating capacity of 2500.

In addition to the palaces, many churches also offer a festive setting for classical music. In the Olympia Hall there are performances by the stars of pop and rock. Königsplatz, the Olympic Stadium and West Park are available for numerous open-air events.

Le jeune Mozart était l'un de ses hôtes favoris. C'est en 1811 que l'on posa la première pierre de l'opéra national, le Bayerische Nationaltheater. Le nouvel édifice fut considéré comme un des plus grands théâtres d'Europe. L'importance du Nationaltheater ne s'est pas relâchée jusqu'à nos jours. Les mises en scène de cet opéra font partie des grands événements culturels internationaux. Et les voix les plus fameuses se font entendre au festival de l'opéra, en été. Par ailleurs, Munich possède quelque 45 théâtres: Kammerspiele et Bayerisches Schauspielhaus sont les temples de l'art dramatique, le Theater am Gärtnerplatz et le Deutsches Theater sont consacrés aux muses plus légères, opérette et musical. Citons encore le théâtre de boulevard et les scènes expérimentales. Grands noms, metteurs en scène, acteurs, décorateurs façonnent la scène et sont souvent cibles de discussions passionnées. Dans certains petits théâtres, on entretient la tradition des anciens chanteurs populaires. Dans les cabarets, se maintient la tradition satirique de Morgenstern et de Wedekind, du Simplicissimus et des «11 justiciers».

En 1556, le Duc Albert V invita Roland de Lassus, maître de chapelle du pape, à Munich et fit de lui le maître de chapelle de la cour. Il est considéré comme l'un des plus grands génies de la musique classique occidentale. Par sa présence Munich connut certains des moments les plus extraordinaires de sa si riche tradition musicale. En 1830, Felix Mendelssohn-Bartholdy écrivait de Munich: «La musique est perçue ici avec grande sensibilité et on la joue avec grande différenciation». Dans la célèbre salle de concert «Odeon», Clara Schumann et Anton Bruckner connurent d'énormes succès. Aujourd'hui, les mélomanes trouvent davantage de portes ouvertes, parmi les plus connues citons. Herkulessaal, Max-Josephsaal et le Brunnenhof de la Résidence. La salle de concert la plus importante est toutefois celle du centre culturel du Gasteig terminé en 1985.

Die musikalische Szene der Stadt ist bunt und international. Sie reicht von der Klassik bis zum Jazz und von der Volksmusik bis zu den schrillen Klängen moderner Musikrichtungen. Junge Talente werden bei vielen Wettbewerben entdeckt und gefördert und keiner der Berühmten verzichtet auf einen Auftritt in Bayerns Landeshauptstadt München.

Hinter den klassisch-griechischen Giebelfronten des Königsplatzes können die kostbaren Originale der Staatlichen Antikensammlungen bewundert werden: In der Glyptothek zum Beispiel die über 2400 Jahre alten Giebelfiguren des Aphaitempels von Ägina oder der „Barbarinische Faun". Im gegenüberliegenden Bau mit seinem hohen, von korinthischen Säulen getragenen Portikus haben kostbare Vasen und Kleinplastiken, Meisterwerke der attischen Kunst des 6. und 5.Jahrhunderts v.Chr. sowie einzigartige etruskische Schmuckstücke ein würdiges Zuhause gefunden. Die jungen Menschen, die den Platz mit Leben erfüllen, sind meist Studenten der nahen Technischen Universität. Hier haben viele berühmte Wissenschaftler, von Justus von Liebig bis zum Nobelpreisträger Rudolf Mössbauer, gelehrt und geforscht.

Die schnurgerade Brienner Straße verbindet den Königsplatz mit dem Odeonsplatz nahe der Residenz. In ihrer Mitte, auf dem Karolinenplatz, erinnert der rund 30 Meter hohe, mit Erzplatten verkleidete Obelisk an die 30.000 bayerischen Soldaten, die im Feldzug Kaiser Napoleons nach Russland ihr Leben lassen mussten. Ein wenig abseits des Königsplatzes liegt die Abtei St. Bonifaz, die der Griechenlandfreund Ludwig I. um die Mitte des 19. Jh. von Ziebland erbauen ließ. In ihrer Basilika fand er seine letzte Ruhestätte.

Die Münchner orientieren sich im Jahreslauf gern an den Festzeiten, die in fast ununterbrochener Folge über das ganze Jahr verteilt sind und die die Freizeitaktivitäten der Bürger zumeist wesentlich mitbestimmen.

The city's musical scene ranges from classical to jazz and from folk music to the shrill sounds of modern music. Young talent is discovered at many competitions and promoted, and hardly any of the famous fail to put in an appearance in the Bavarian capital.

Thanks to Ludwig I, the precious originals of the State Collection from the Ancient World are stored behind the classical Grecian façades around Königsplatz: in the Glyptothek, for example, the 2.400-year-old pediment figures from the Temple of Aphaea on Aegina or the magnificent Barbarian Faun. In the building opposite with its high portico supported by Corinthian columns, precious vases and small sculptures, masterpieces of Attic art from the 6th and 5th centuries BC and unique Etruscan jewellery have found a worthy home. Most of the carefree young people who fill the square with life are from the nearby Technical University. Here many famous scientists, from Justus von Liebig to Nobel laureate Rudolf Mössbauer, have taught and carried out research.

Brienner Strasse, straight as a die, connects Königsplatz with Odeonsplatz near the Residence. In the middle of it, in Karolinenplatz, a 30-metre-high obelisk panelled with metal plates recalls the 30.000 Bavarian soldiers who lost their lives in Napoleon's Russian Campaign. Only a few yards away from the Königsplatz is St Boniface's Abbey, built by Ziebland and commissioned by that great admirer of Greece, Ludwig I. It was in the basilica of St Boniface that Ludwig found his last resting-place.

The people of Munich arrange the course of their year according to the various festivals which are distributed over the twelve months in almost uninterrupted sequence and largely determine their leisure-time activities. Immediately after Epiphany (6th January), the carnival season (or Fasching as it is known in Munich) sets in and lasts until Shrove Tuesday (the day before Lent begins).

Ce dernier est le plus moderne du genre en Allemagne. La «Philharmonie» avec ses 2.500 places représente le cœur de cette construction gigantesque. En dehors des châteaux, de nombreuses églises offrent un cadre fastueux à la musique classique. L'Olympiahalle accueille les stars de la musique Pop et du Rock. De nombreuses manifestations de plein air ont lieu sur la Königsplatz, au Stade Olympique et au West Park. La scène musicale va du classique au jazz et de la musique folklorique aux sons aigus contemporains. Des concours musicaux permettent de détecter les jeunes talents et de les promouvoir et il n'en est guère qui renoncerait à se produire dans la capitale bavaroise.

Derrière les frontons classiques, on peut admirer les précieux originaux de la «Collection des Antiquités»: à la Glyptothèque, par exemple, des fragments des frontons du temple d'Aphaia en Egine vieux de 2.400 ans ou le superbe «Faune Barberini». Le bâtiment au portique soutenu par de hautes colonnes corinthiennes qui lui fait face renferme des vases précieux et de petites sculptures, des chefs-d'œuvre de l'art attique des VIe et Ve siècles avant J.C., ainsi que des trésors d'art étrusque. Les jeunes promeneurs qui égayent la place sont généralement des étudiants de l'Université technique voisine où des sommités parmi lesquelles Justus von Liebig ou le prix Nobel Rudolf Mössbauer ont enseigné et fait de la recherche.

La Brienner Strasse relie en ligne droite la Königsplatz et l'Odeonsplatz, près de la Résidence. En son milieu, sur la Karolinenplatz, se dresse l'obélisque de quelque 30 mètres qui rappelle les 30.000 soldats bavarois tombés durant la campagne napoléonienne de Russie. Tout près de la Königsplatz se trouve la basilique de Saint-Boniface que Louis Ier, l'admirateur de la Grèce, fit édifier par Ziebland et qui abrite son tombeau.

Les Munichois rythment l'année selon le calendrier des festivités qui se succèdent presque sans

Gleich nach dem Dreikönigstag setzt die „narrische Faschingszeit"/Ballsaison ein und dauert bis zum Faschingsdienstag, an dem - nach einer „Open-air-Gaudi" auf dem Viktualienmarkt - der Fasching um Mitternacht „begraben" wird. Mehr als 1000 Maskenfeste werden in dieser Saison bestimmt gefeiert. Die anschließende Fastenzeit überstehen Einheimische und Gäste mit dem Starkbier. Diese „5. Jahreszeit" beginnt Anfang März mit großen Festen in den traditionellen Münchner Bierhochburgen. Die Auer Mai-Dult läutet Ende April die „Dult-Saison" ein, die erst im Herbst ihren Abschluss findet. Der „Festsommer" bringt eine Fülle interessanter Veranstaltungen: Konzerte im Brunnenhof der Residenz, Freilichttheater vor historischen Kulissen und als Höhepunkt die Festspiele der Bayerischen Staatsoper. Bald darauf steigt das Fest der Feste: 16 Tage lang dauert das Oktoberfest und endet immer traditionell am ersten Oktober-Sonntag. Dessen großer Trachten- und Schützenzug findet stets am ersten Sonntag des Festes statt.

Bayerns Tor zur Welt wird von dem expandierenden Großflughafen vor den Toren der Stadt flankiert, der die Bedeutung Münchens als internationaler Verkehrsknotenpunkt unterstreicht. Das neue Messegelände in Riem festigt den Ruf Münchens als internationales Wirtschaftszentrum und mit dem Neubau der „Pinakothek der Moderne" entstand ein kulturelles Glanzstück ersten Ranges.

München heute – das ist eine gesunde Mischung von Tradition und Fortschritt, des sorgsamen Bewahrens von Altbewährtem und der Offenheit für die Strömungen der neuen Zeit. Eine moderne Weltstadt, aber keine „Allerweltsstadt". Eine liebenswerte Stadt mitten in Bayern und im Herzen von Europa. Eine Stadt, in der Träume wahr werden und von der man träumen kann – eine Traumstadt.

Then Fasching is buried at midnight after open-air merry-making on the Victuals Market. More than 1000 fancy-dress balls will certainly be held in this season. Locals and guests survive Lent, which then follows, by drinking so-called strong beer. This "5th season" begins with great festivities in the Munich "beer strongholds" at the beginning of March. The May Auer Dult, a street market and fun-fair at the end of April, ushers in the "Dult season", which after the Jakobi Dult and the Kirmes Dult finally ends in autumn. The "festival summer" brings with it a large number of attractive events: concerts in the Fountain Courtyard of the Residence, open-air theatre against historical backdrops and, the climax, the Festival of the Bavarian State Opera. Soon after that there follows the festival of festivals: the 16-day-long Oktoberfest, which traditionally ends on the first Sunday in October. A huge parade of local costumes and marksmen always takes place on the first Sunday of the event.

Bavarians global gate has been smoothed by the large expand airport outside the gates of the town, stressing Munich's importance as an international traffic hub. The new trade fair grounds in Riem further enhance Munich's reputation as an international economic centre, and the Pinakothek of Modern Art, will become an outstanding cultural highlight.

Munich today is a healthy mixture of tradition and progress, the careful preservation of what is well-tried coupled with a willingness to accept the ideas of the new times. An indescribable, modern metropolis, not a nondescript town. An endearing city in Bavaria, in the heart of Europe. A city in which dreams come true and a city to dream of – a dream city.

interruption sur les douze mois et déterminent les activités de leurs loisirs. Dès après l'Epiphanie, c'est le début de la période folle, le Carnaval, appelé ici Fasching. Il dure jusqu'au mardi-gras à minuit après des réjouissances en plein air au Viktualienmarkt. Jusque là plus de mille bals masqués invitent à la danse. Les Munichois et les visiteurs survivent au carême qui suit grâce à la bière forte «Starkbier». Cette «cinquième saison» commence début mars par de grandes fêtes dans les hauts-lieux traditionnels de la bière. La saison des «Dult» s'ouvre fin avril avec la Auer Dult de mai, espèce de foire à l'antiquaille et ne se termine qu'après la Saint-Jacob et la fête de la consécration des églises, en automne. En été, les événements intéressants sont nombreux: concerts dans le Brunnenhof de la Résidence, théâtre de plein air dans des décors historiques et le zénith: le festival de l'opéra. Peu après, c'est la fête des fêtes: la fête de la bière dure 16 jours entiers, cette Oktoberfest se termine traditionnellement le premier dimanche d'octobre. Elle s'ouvre également un dimanche avec un grand défilé où participent sociétés de tirs et groupes folkloriques.

La Porte bavaroise sur le monde est marqué par son grand aéroport qui souligne l'importance de la Munich en tant que plaque tournante internationale des transports aériens. Le nouveau complexe des foires-expositions à Riem renforce la réputation de Munich en tant que centre économique international tandis que la nouvelle Pinacothèque d'art moderne ajoutera de la ville culturelle.

Munich aujourd'hui est un sain mélange de traditions et de progrès. Une ville où l'on maintient l'acquis et qui se veut ouverte aux nouveaux courants. Bien que métropole moderne, son charactère unique en fait une ville bavaroise, à la dimension de l'homme, au coeur de l'Europe. Une ville dans laquelle les rêves se réalisent et dont on peut rêver - une ville magique.

Der Marienplatz mit den beiden Rathäusern ist immer noch das Herz der Stadt. Im neuen Rathaus aus dem 19. Jahrhundert residiert der jeweilige Oberbürgermeister. Die neogotische Fassade mit dem hohen Turm ist eines der Wahrzeichen Münchens. Durch die Torbögen des alten kleineren Rathauses geht es in Richtung zur Isar. Im Rathaussaal im ersten Stock sind die Kopien der berühmten Moriskentänzer von Erasmus Grasser aus dem 15. Jahrhundert zu sehen. Auch damals hat man schon exotische Tänze bestaunt und selbst ausprobiert.

The great square of Marienplatz, with its two town halls, lies at the very heart of the city. The mayor of Munich resides in the New Town Hall, dating from the 19th century. With its neo-Gothic facade and high tower, it is one of Munich's best-known landmarks. The road through the gates of the smaller Old Town Hall leads downhill to the River Isar. In the Great Hall on the first floor stand the famous 'Moriskentänzer', carved figures by the 15th century artist Erasmus Grasser. Even in those days people were fascinated by exotic dances and tried them out for themselves.

Bordée du Nouvel et de l'Ancien hôtel de ville, la place dite Marienplatz est restée le coeur de Munich. Le premier magistrat de la ville réside dans le Nouvel hôtel de ville construit au siècle dernier. La façade néogothique, flanquée d'un haut beffroi, est un des symboles de Munich. En passant sous la voûte percée de l'Ancien hôtel de ville (14e et 15e s.), on rejoint la rue dite le Tal et l'Isar. La grande salle, au premier étage est ornée de copies des célèbres danseurs maures qu'Erasmus Grasser réalisa au 15e siècle. A cette époque déjà, on appréciait l'art.

Das einzigartige Wahrzeichen Münchens ist die Frauenkirche, eine gotische Dom- und Stadtpfarrkirche mit ihren 99 Meter hohen „welschen" Kuppelhauben. Über den legendären „Teufelstritt" am Eingang kommt man in den spätgotischen Innenraum des Backsteinbaues. Unter dem Chor in der Fürstengruft befinden sich die ältesten Gräber der Wittelsbacher. Der Grundstein wurde 1468 gelegt und mit dem Turmbau 1488 fertig gestellt, die Kuppelhauben wurden während der Renaissance 1525 aufgesetzt.

Munich's best-known landmark is the Frauenkirche, a striking Gothic cathedral with twin 99-metre-high domed towers. The splendid panoramic view from the south tower takes in the whole city and extends to the Alps. Entering the cathedral via the legendary 'Teufelstritt' (Devil's Step), you cannot fail to be impressed by the fine Late Gothic interior of his brick building. Beneath the chancel, in the Fürstengruft (duke's crypt), lie the oldest graves of the former Wittelsbach dynasty. The catheral's foundation stone was laid in 1468 and completed in 1488. The tower added 1525.

L'un des principaux symboles de Munich est la Frauenkirche, une église paroissiale de style gothique surmontée de clochers bulbeux hauts de 99 m. Une vue superbe sur la ville et les Alpes à l'horizon se découvre depuis la tour sud. L'entrée principale, où l'on peut voir le célèbre «Teufelstritt» dans le sol, une «empreinte du pied du diable», s'ouvre sur le magnifique intérieur de style gothique tardif de l'édifice en briques rouges. Sous le choeur, la crypte des Princes abrite les plus anciens tombeaux de la lignée des Wittelbach. L'église a été bâtie de 1468 à 1488 et ses tours ajoutées en 1525.

Rathaus am MARIENPLATZ

Täglich Punkt elf Uhr versammeln sich Gäste und Einheimische vor dem Rathaus, um das berühmte Glockenspiel zu bewundern. Die alte Schäfflerweise „Aber heit is koid." ertönt und die Hälse recken sich und die Fotoapparate klikken. Wenn das Schauspiel zu Ende ist, füllen sich die Gaststuben und Wirtsgärten der Fußgängerzone. Es ist Zeit für die berühmten Weißwürste, die ja so frisch gegessen werden müssen, dass sie das Zwölf-Uhr-Läuten nicht erleben. Eine resche Brezn, der süße Senf und eine Halbe Weißbier gehören unbedingt dazu.

Town Hall at the MARIENPLATZ

Daily at 11.00 a.m., visitors and local people gather in front of the Town Hall to admire the famous Glockenspiel. 'But it's cold today', a traditional song of the coopers, rings out, people crane their necks to see and cameras click. When the show is over, the bars and restaurants of the pedestrian precinct fill up in no time. It's high time to order the well-known Munich Weisswurst (veal sausages), which traditionally must be consumed absolutely fresh, before the hour of twelve strikes. They are served with crisp pretzels, sweet mustard and a half of light beer.

Hôtel de ville sur le MARIENPLATZ

Tous les jours, à onze heures sonnantes, Munichois et visiteurs se rencontrent devant l'hôtel de ville pour admirer l'horloge à figurines mobiles du beffroi et écouter son carillon qui émet une vieille chanson de tonneliers. Après s'être rassasié la vue et l'ouïe, et pris les photos d'usage, on se rend dans une des nombreuses brasseries pittoresques de la zone piétonne. Selon le temps, les clients dégustent les célèbres saucisses blanches, spécialités de la région, accompagnées obligatoirement de moutarde sucrée, de bretzels croustillants et d'une chope de «Weissbier», la bière du pays.

Im Isartor, das als einziges Stadttor sein ursprüngliches Aussehen weitgehend bewahrt hat, ist das skurile „Valentin-Musäum" untergebracht. Ganz in der Nähe, im Gewirr der kleinen Gassen der Altstadt steht das Hofbräuhaus, Wallfahrtsort der bayerischen Gemütlichkeit, mit Bier, Brotzeit und Blasmusik. Die Schwemme im Erdgeschoss heißt so, weil früher der auf dem Boden gelandete Abfall der Zecher regelmässig mit Wassergüssen hinausgeschwemmt wurde - wobei die Gäste brav die Füße gehoben haben, um nicht nass zu werden.

The Isartor is the only city gate to have retained most of its original aspect. Today it houses the Valentin Museum, in memory of the audacious German comedian. Nearby, in the Old Town's maze of alleys, is the Hofbräuhaus restaurant, a veritable shrine to the Gemütlichkeit that epitomises the Bavarian way of life, with local beer, snacks and brass band music. The Schwemme (watering place) in the basement is so called because the floors were regularly swilled out with water to remove the revellers' refuse - whereby customers would obediently lift their feet to avoid getting wet.

La porte de l'Isar (Isator) qui date de 1314, renferme le curieux «Valentin-Musäum», musée de l'humour munichois. A proximité, caché dans le dédale des ruelles de la vieille-ville, se trouve le Hofbräuhaus (Brasserie de la Cour), la plus célèbre parmi les grandes brasseries de Munich qui offre sa bière renommée et ses spécialités sur un fond de musique étourdissante. Le rez-de-chaussée est appelé le «Schwemme» (lieu inondé) parce qu'autrefois, on en nettoyait régulièrement le sol souillé par les chopes renversées à grands coups d'eau tandis que les clients levaient complaisamment les pieds.

Der Viktualienmarkt ist untrennbar mit dem Flair dieser südlichen Stadt verbunden. Beschützt von der ersten Kirche Münchens, dem „Alten Peter" (Peterskirche) auf der einen, von der Heiliggeist-kirche auf der anderen Seite wird hier alles ange-boten, was Augen, Herz und Gaumen erfreut: von den deftigen Genüssen des Münchener Hinter-landes bis zu lukullischen Delikatessen aus Italien. Im Biergarten unter dem Maibaum treffen sich die älteren Semester. An der Prosecco-Bar läßt die Münchner Schickeria das Leben und Treiben der genussfreudigen Weltstadt an sich vorbeiziehen.

The Viktualien-Markt (food market) is forever asso-ciated with the Munich's Mediterranean flair. The first churche of Munich St. Peter and the church Heilig Geist stand guard on each side, while in between this square offers everything imagin-able to please the eye, warm the heart and delight the palate, from hearty foods from the surrounding countryside to gourmet delicacies from Italy. Older residents congregate under the maypole in the beer garden, while the trendy perch at the Prosecco bar and watch the world of this pleasure-loving city go by.

Le «Viktualienmarkt», marché central de la ville, est un des lieux les plus méridionaux de Munich. S'étendant entre l'église Saint-Pierre et l'église du Saint-Esprit, il offre tout ce qui réjouit le regard, l'odorat et les papilles gustatives: depuis les den-rées campagnardes de l'arrière-pays munichois aux spécialités gastronomiques d'Italie ou de Fran-ce. La génération plus ancienne se rencontre sous les arbres du «jardin de la bière» tandis que le jet-set munichois observe l'animation du marché depuis le Prosecco-bar.

Eigentlich heißt der Stachus „Karlsplatz". Aber da hier im 18. Jahrhundert eine Gaststätte stand, deren Wirt mit Vornamen Eustachius, kurz und bayerisch „Stachus" hieß, wird der Karlsplatz auch so genannt. Eine durch und durch bayerische Geschichte. Durch das Neuhauser Tor (heute Karlstor) rumpelten früher die Salzfuhrwerke, die München reich machten, in Richtung Schweiz. Heute führt dieser Weg durch das Tor in die Fußgängerzone hinein, deren imposantes Dächergewirr von der Frauenkirche mit zwei „welschen" Hauben überragt wird.

The original name of the Stachus was 'Karlsplatz' [Charles Square]. But in the 18th century there was an inn here whose landlord was named Eustachius - Stachus in the Bavarian short form - and in the end he lent his name to the whole square. Munich grew rich on the salt industry and it was through the 'Karlstor' that the salt wagons used to rumble off to Switzerland. Today the gateway leads to the pedestrian precinct, with its impressive jumble of roofs dominated by the twin domed towers of the Frauenkirche.

Dans la langue populaire, la place dite Karlsplatz s'appelle «Stachus» parce qu'au 18e siècle, s'y dressait une auberge tenue par un certain Eustachius, que tout le monde appelait «Stachus», dans le dialecte bavarois. Le sel a largement contribué à la richesse de Munich. Autrefois, les charrettes qui transportaient la précieuse denrée vers la Suisse franchissaient la porte dite Karlstor. Aujourd'hui, la porte s'ouvre sur la zone piétonne dont la mer de toits s'étend sous les deux clochers bulbeux de la Frauenkirche, (église Notre-Dame) érigée au 15e.

Asam-Kirche   Bürgersaal ▷

In der Sendlinger Straße liegt die Asam-kirche. Die gläubigen Gebrüder Asam haben ihre Privatkirche gleich neben dem Wohnhaus mit der „paradisischen Fülle" ihrer barocken Kunst ausgestattet. – Der Bürgersaal in der Fußgänger-zone ist der Versammlungsraum der Marianischen Männerkongregation.Hier liegt der Jesuitenpater Rupert Maier begraben. Die barocke Schutzengel-gruppe des berühmten Bildhauers Ignaz Günther ist nur eine von vielen bedeutenden Ausstattungsdetails die-ses Bethauses, einem Pol der Ruhe in-mitten der geschäftigen Einkaufsmeile.

Asam-Church   Burghers Hall ▷

In the Sendlingerstrasse is the gem of the Asamkirche. The devout Brothers Asam decorated their private church right beside their home with the entire "paradisiacal profusion" of their baroque art. – The Burghers Hall in the pedes-trian zone serves as the meeting room of the men's order known as the Com-munity of Christian Life. The Jesuit priest Rupert Maier is buried here. The Baroque group of guardian angels, the work of the famous sculptor Ignaz Günther, is just one of many famous interior embellishments of this house of prayer, a tranquil oasis in the midst of the busy shopping precinct.

Asam-Eglise   Bürgersaal ▷

Bordée du Nouvel et de l'Ancien hôtel de ville, la place dite Marienplatz est restée le coeur de Munich. Le premier magistrat de la ville réside dans le Nouvel hôtel de ville construit au siècle dernier. La façade néogothique, flan-quée d'un haut beffroi, est un des sym-boles de Munich. En passant sous la voûte percée de l'Ancien hôtel de ville (14e et 15e s.), on rejoint la rue dite le Tal et l'Isar. La grande salle, au premier étage est ornée de copies des célèbres danseurs maures qu'Erasmus Grasser réalisa au 15e siècle. A cette époque déjà, on appréciait l'art.

Der Grundstein des Nationaltheaters, dem Haus der Bayerischen Staatsoper, wurde 1811 gelegt. Der Neubau galt als eines der größten Theater Europas und neben dem Adel waren zwischenzeitlich auch die Münchner Bürger zu einem begeisterten Publikum geworden. König Ludwig II., der Richard Wagner nach München geholt hatte und fürstlich alimentierte, wollte sich in seinem Kunstgenuss nicht stören lassen. So manche Aufführung von Opern des großen Komponisten genoss der König aus seiner Loge im prunkvollen Zuschauerraum.

The foundation stone of the National Theatre, the home of the Bavarian State Opera, was laid in 1811. The new building was regarded as one of Europe's greatest theatres, and in the meantime not only the aristocracy but also the Munich citizenry had become an enthusiastic audience. King Ludwig II, who had brought Richard Wagner to Munich for a princely salary, did not want his enjoyment of art to be disturbed. Thus not a few of the opera performances by the great composer were enjoyed by the king sitting on his own in the box of the magnificent auditorium.

C'est en 1811 que fut posée la première pierre de l'Opéra national, le «Bayerisches Nationaltheater». Le nouvel édifice, un des plus grands théâtres d'Europe, ne resta plus réservé à la noblesse. Les bourgeois devinrent également des spectateurs enthousiastes. Le roi Louis II qui fit venir Richard Wagner à Munich et l'entretenait princièrement, ne voulait pas être dérangé dans sa jouissance musicale. C'est ainsi qu'il assista seul, dans sa loge, à bon nombre de représentations.

Zu beiden Seiten der Kurfürstenloge wölben sich die Ränge des intimen Alten Residenztheaters hufeisenförmig zur Bühne. Zu Ehren seines genialen Baumeisters wird das Theater, das im sogenannten Apothekenstock der Residenz untergebracht ist, auch Cuvilliéstheater genannt. In der Einheitlichkeit der Formgebung und seiner künstlerischen Qualität ist es eine einzigartige Raumschöpfung des Rokoko. Wenn hier Opern aus dem 18. Jh. aufgeführt werden, kommen die Zuschauer in den Genuss eines vollkommenen Zusammenklangs von Musik, Theater, Architektur und Ausstattungskunst.

On each side of the Electors' box, the rows of seats extend in horseshoe fashion round the stage of the intimate Old Residence theatre. Situated in the so-called Apothecaries' Pavilion, the theatre is also known as the Cuvilliés Theater, in honour of its brilliant architect. In the unity of its form and its artistic merit, it is a unique example of Rococo interior design. When 18th century operas are performed here, the audience can enjoy a perfect harmony of music, theatre, architecture and design.

Encadrant la loge princière, les rangées de sièges disposées en forme de fer à cheval descendent vers la scène du théâtre intime installé dans «l'Apothekenstock» (aile de la Pharmacie) de la Residenz. Appelé également Cuvilliés-Theater en l'honneur de son architecte génial, le théâtre, construit de 1751 à 1753, est une petite merveille de style rocaille. Lorsque des opéras du 18e siècle y sont représentés, les spectateurs peuvent particulièrement savourer l'harmonie parfaite entre la musique, le théâtre, l'architecture, les décors dans la salle et sur la scène.

Ursprünglich als Festspielhaus geplant, diente das Prinzregententheater nach dem 2. Weltkrieg als Opernhaus, bis das Nationaltheater 1963 seine Pforten öffnete. Der Innenraum ist als Amphitheater aufgebaut und verzichtet in Wagnerscher Manier auf Ränge. Nach aufwendiger Restaurierung unter August Everding wurde es erst 1988 wiedereröffnet. Mit der neoklassizistischen Fassade bildet es den Abschluss der letzten großen Wittelsbacher Straßenschöpfung in München Ende des 19. Jahrhunderts.

Originally planned as a festival theatre, the Prinzregenten Theatre served as an opera house after the Second World War until the National Theatre opened its doors in 1963. The interior is modelled on an amphitheatre and is designed in the style favoured by Wagner, with stalls but no circles. After painstaking restoration work under August Eberding, the Prinzregenten Theatre was finally reopened in 1988. With its neo-classical facade, it is the final work of the last major building period undertaken by the Wittelsbach dynasty in Munich in the late 19th century.

Destiné à l'origine aux représentations wagnériennes, le «Prinzregententheater» est aménagé en amphithéâtre, sans loges et avec des gradins, à l'instar du théâtre de Bayreuth. Après la seconde guerre mondiale, il servit d'opéra jusqu'à ce que le Théâtre national soit inauguré en 1963. Il rouvrit ses portes en 1988 après avoir été admirablement rénové par August Everding. L'édifice à la façade de style néoclassique est l'une des dernières architectures munichoises, construites au tournant du siècle, sous le règne des Wittelsbach.

Der historische Mauerring um das mittelalterliche München wird heute im wesentlichen vom Altstadtring markiert. An ihm liegen auch die drei großen Stadttore, die noch erhalten sind: das Isartor zur wichtigen Isarbrücke beim heutigen Deutschen Museum hin, das Neuhauser Tor beim Stachus an der alten Salzstraße und das Sendlinger Tor, das die nicht minder wichtige Fernstraße in den Süden und damit die Anbindung an Italien aufnahm. Das Sendlinger Tor ist einer der Übergänge vom autobeherrschten Ring zur quirligen, lebendigen Innenstadt.

The historic city defences around medieval Munich are today largely marked by the ring road round the Old Town. Along the ring stand the three great city gateways which have survived to the present: the Isartor, leading to the important Isar bridge and the Deutsches Museum, the Neuhauser Tor on the old Salzstrasse (salt road) and the Sendlinger Tor, the gateway to the important route that connected Munich with the south, in particular Italy. The Sendliner Tor marks one of the boundaries between the traffic-dominated ring road and the bustling life of the city centre .

Le périphérique autour de la vieille-ville marque à peu près l'emplacement des fortifications qui entouraient le Munich médiéval. C'est là que se dressent les trois grandes portes qui ont été conservées: la Porte de l'Isar qui mène au pont de l'Isar et au Musée allemand, la Porte de Neuhauser près de Stachus où aboutissait l'ancienne route du sel, et la Porte de Sendlinger d'ou partait une autre route importante vers le sud, en direction de l'Italie. La Porte de Sendlinger constitue l'un des passages entre le périphérique intérieur, à la circulation intense, et la vie animée de la vieille-ville.

Arcade Passage und Haus Dallmayr

München ist eine einladende Einkaufsstadt mit alten, eingesessenen Geschäften und modernen Einkaufspassagen, Kaufhäusern und Geschäften, dazwischen Marktstände mit Berge von frischem Obst, Straßenmusikanten und Künstler an jeder zweiten Ecke, sowie Blumeninseln und Ruhebänke zum Rasten und Schauen. Hier pulsiert das Leben. Und dazwischen immer wieder Tische und Stühle von Gaststätten, Espressobars und Cafés, die schon mit den ersten warmen Tagen ihre Gäste im Freien verwöhnen und einen Einkaufsbummel zum Genuss werden lassen.

Shopping arcade and house Dallmayr

Munich is an inviting shopping centre with old-established shops, modern shopping arcades, department stores and boutiques, and amid them market stands piled high with fresh fruit. There are street musicians and artists round every other corner, flower beds and benches for passers-by to sit back and observe the pulsating life of Munich, and, wherever you look, the tables and chairs of restaurants, espresso bars and pavement cafés, all set to attend to customers on the first warm days of the year and make their shopping expeditions doubly pleasurable.

Passage Arcades, la maison Dallmayr

Munich est une ville où il est très agréable de faire du shopping. On y trouve d'anciennes maisons de commerce traditionnelles, des passages marchands modernes, de nombreux grands magasins et boutiques de luxe. Dans les rues, musiciens et autres artistes ambulants divertissent les badauds et créent une atmosphère de fête. Partout, des étals chargés de fruits frais apportent des notes de couleurs. Dès les beaux jours, les bancs des îlots de verdure et de fleurs et les terrasses installées devant les brasseries, salons de thé et restaurants, invitent à la détente dans une atmosphère méridionale.

RIEGER-PASSAGE am Isartor

Briennerstraße, Theatinerstraße, Maximilianstraße - wer kennt sie nicht, die klingenden Straßennamen der Münchner Innenstadt, in der die elegante Welt zu Hause ist. Exklusive Einkaufsstraßen mit großstädtischer Atmosphäre und einem Flair, das Italien mehr als ahnen lässt. Wer Rang und Namen hat in der Welt der Mode und des Designs, der Einrichtung und Accessoires, der Luxusartikel und edlen Materialien, ist hier vertreten und verführt seine Kunden mit den Schönheiten und Kostbarkeiten der Welt.

RIEGER PASSAGE near the Isartor

Briennerstrasse, Theatinerstrasse, Maximilianstrasse - all names with a familiar ring for those who are familiar with Munich's city centre, home to the world of elegance. There are exclusive shopping streets with a cosmopolitan atmosphere and a flair that owes more than a little to the proximity of Italy. All the reputable names in the world of fashion and design, interior architecture and accessories, luxury articles and costly materials can be found here, tempting their customers with an international assortment of beautiful and precious wares.

PASSAGE RIEGER près de l'Isartor

Briennerstrasse, Theatinerstrasse, Maximilianstrasse, ces rues du centre-ville de Munich sont le rendez-vous du monde sélect. Elles possèdent l'atmosphère des artères élégantes des grandes métropoles et un cachet qui rappelle beaucoup le faste italien. Tous les noms célèbres internationaux de la haute couture, des accessoires, du design, de la parfumerie, s'y étalent en grandes lettres. Les magasins chic rivalisent d'élégance pour offrir à leurs clients les plus beaux produits de luxe du monde entier.

„Dem Sieg geweiht, vom Krieg zerstört, zum Frieden mahnend." So lautet die Inschrift auf dem Siegestor, das Mitte des 19.Jh. dem römischen Konstantinsbogen nachempfunden wurde. Es öffnet den Weg hinaus nach Schwabing, das damals ein kleines Dorf am Rande der Stadt war – seit dem 20. Jh. aber zum „Wahnmoching" der Künstler und anderer Gleichgesinnter wurde, die der Bürgerlichkeit entweichen wollten. Sie machten München bis in die 30er Jahre des vorigen Jahrhunderts zu einem künstlerischen und kulturellen Zentrum ohnegleichen .

'Dedicated to victory, destroyed by war, exhorting peace.' So runs the inscription on the Siegestor, or Victory Arch, erected in the 19th century and modelled on the Arch of Constantine in Rome. Beyond the Siegestor lies Schwabing, once a small village on the outskirts of the city, which in the early 20th century was to become the traditional quarter of artists and bohemians bent on shunning the bourgeoisie. Until the 1930s it was they who made Munich into an artistic and cultural centre without equal.

«Consacrée à la victoire, détruite par la guerre, exhortant à la paix»: telle est l'inscription que l'on peut lire sur la Porte de la Victoire édifiée au siècle dernier, d'après l'arc de triomphe de Constantin à Rome. Au-delà du Siegestor, s'étend le quartier de Schwabing qui était à l'origine un village à la lisière de Munich avant d'en devenir son «quartier latin». Dès au XXe siècle, il fut particulièrement affectionné par les artistes et leurs semblables qui désiraient fuir la vie bourgeoise et contribuèrent jusque dans les années 1930 à faire de Munich un centre culturel et artistique.

Kurz vor der Feldherrnhalle weitet sich die Ludwigstraße vor dem Leuchtenberg Palais und macht Platz für eine Reiterstatue König Ludwigs I., dem Monarchen, der die monumentale Ludwigstraße geschaffen hat und dem München und Bayern so ungeheuer viel zu verdanken hat. Der Schüler von Ludwig Schwanthaler, Max Widenmann, schuf dieses Denkmal nach dem Vorbild des Magdeburger Reiters im Jahre 1862. Noch zu Lebzeiten Ludwigs, der, durch die Affaire mit der Tänzerin Lola Montez zur Abdankung gezwungen, seine Tage in Rom verbrachte.

Shortly before the Feldherrnhalle, Ludwigstrasse broadens out in front of Leuchtenberg Palace, making space for an equestrian statue of Ludwig I. Both Munich and all Bavaria owe an enormous debt of gratitude to Ludwig, builder of the monumental Ludwigstrasse. The statue, modelled on the Magdeburg Rider, was erected in 1862, in the king's lifetime, and is by Schwanenthaler's pupil Max Widenmann. Ludwig I ended his days in a circle of his artist friends in Rome, having been compelled to abdicate after his affair with the dancer Lola Montez.

Juste avant le «Feldherrnhalle» (Portique des Maréchaux) la Ludwigstrasse s'élargit en place devant le Palais de Leuchtenberg. Elle est ornée de la statue équestre du roi Louis Ier de Wittelsbach qui créa la prestigieuse rue baptisée d'après lui et auquel Munich et la Bavière toute entière doivent beaucoup. En 1862, Max Widenmann, élève de Ludwig Schwanthaler, réalisa la statue sur le modèle du chevalier de Magdeburg. Louis Ier dut abdiquer en faveur de son fils Maximilien II à cause de sa liaison avec la danseuse Lola Montez et mourut à Nice en 1868.

Die Theatinerkirche wurde von Kurfürst Ferdinand Maria und seiner Gemahlin Henriette Adelaide als Dank für die Geburt des langersehnten Thronfolgers Max Emanuel (1662) erbaut. Mit ihr hielt der italienische Barock in München Einzug, der die Architektur der Stadt und ganz Bayerns wie kaum ein anderer Stil geprägt hat. Barelli und Zuccalli waren die Baumeister. Die Türme mit den expressiven Helmen entstanden erst später und der Mittelteil der Fassade wurde im 18. Jahrhundert von Cuvilliés und seinem Sohn in Rokokomanier gestaltet.

The Theatinerkirche was built by Elector Ferdinand Maria and his wife Henriette Adelaide as a mark of gratitude for the birth of a long-desired heir to the throne, Max Emanuel (1662). The building of the church marked the introduction to Munich of Italian Baroque, a style that was to influence the architecture of the city and all Bavaria as hardly any other. Barelli und Zuccalli were the architects. The striking domed towers are later additions. The central section of the facade was designed in Rococo style by Cuvilliés and his son in the mid-18th century.

Le prince-électeur Ferdinand-Marie et son épouse Henriette-Adelaïde firent édifier la «Theatinerkirche» (église des Théatins) en remerciement de la naissance tant désirée du prince héritier Max Emanuel (1662). Ce fut un des premiers édifices de style Renaissance italienne qui allait profondément marquer l'architecture de Munich et de toute la Bavière. Construite par les architectes italiens Barelli et Zuccalli, l'église fut consacrée en 1675. L'architecte français François Cuvilliés et son fils remanièrent la partie centrale de la façade en style rococo au milieu du 18e siècle.

Kuppel und Türme der Theatinerkirche „St.Kajetan" mit dem warmen Ockerton gehören unverzichtbar zum Stadtbild Münchens. Sie flankiert den Beginn der Ludwigstraße an der Feldherrenhalle und bildet das Gegengewicht zu den Ausläufern der Residenz mit dem anschließenden Hofgarten auf der gegenüberliegenden Seite des Odeonsplatzes. Hier lag im 19. Jh. das erste große Konzerthaus Münchens, das Odeon. Gegen das Siegestor zu, einen Kilometer nach Norden, ließ Ludwig I. die Prachtbauten der Universität errichten.

The cupola and towers of St.Kajetan's, the Theatinerkirche, in stone of warm ochre, are a principal feature of the townscape of Munich. With the Feldherrenhalle, the church stands at the point where Ludwigstrasse begins. The Theatinerkirche serves to counterbalance the wings of the Residence and the adjoining Hofgarten opposite Odeonplatz. Here, in the 19th century, stood Munich's first great concert hall, the Odeon. At the instigation of Ludwig I, the imposing university buildings were erected a kilometre to the north, in the direction of the Siegestor.

Les clochers bulbeux de la «Theatinerkirche» font indéniablement partie de la physionomie de Munich. L'église dédiée à saint Gaîtan se dresse au début de la Ludwigstrasse et fait pratiquement face à la Residenz et au Hofgarten (Jardin de la Cour) situés de l'autre côté de la place dite Odeonplatz. C'est ici que fut construit, au 19e siècle, l'Odeon, la première grande salle de concert de Munich. En partant vers le Siegestor, à un kilomètre au nord, on atteint les magnifiques bâtiments de l'Université, érigés sous le règne de Louis Ier (1825-1848).

Der Architekt Friedrich Gärtner errichtete im Auftrag Ludwigs I. bis 1842 die Bayerische Staatsbibliothek, ein langgezogenes Bauwerk, in das nach venezianischem Vorbild ein monumentales Treppenhaus eingezogen wurde. An der Außentreppe sitzen Thukydides, Homer, Aristoteles und der Arzt Hippokrates. Mit rund 6 Millionen Bänden ist sie eine der größten Bibliotheken Deutschlands, die seit der Mitte des 16. Jh. von den Wittelsbachern systematisch ausgebaut wurde und vorwiegend geisteswissenschaftliche Werke birgt.

It was on the instructions of King Ludwig I that the architect Friedrich Gärtner built the Bavarian State Library, completed in 1842. It is a long building with a monumental staircase, in imitation of Venetian architecture, and statues of Thucydides, Homer, Aristotle and Hippocrates grace the outside steps. With around 6 million volumes, this is one of the largest libraries in Germany. Founded in the mid-16th century by the Wittelsbach dynasty, it was extended systematically and today mainly houses books on arts and humanities.

L'architecte Friedrich Gärtner construisit la «Staatsbibliothek» (bibliothèque de l'Etat) de 1832 à 1842, sous le règne de Louis Ier. Le vaste édifice comprend une cage d'escalier monumentale calquée sur le modèle vénitien. Thucydide, Homère, Aristote et Hippocrate trônent sur l'escalier extérieur. La bibliothèque qui comprend plus de 6 millions de volumes, est une des plus importantes d'Allemagne. Ses collections furent sans cesse élargies par les Wittelsbach à partir du 16e siècle. Elles consistent notamment en ouvrages littéraires.

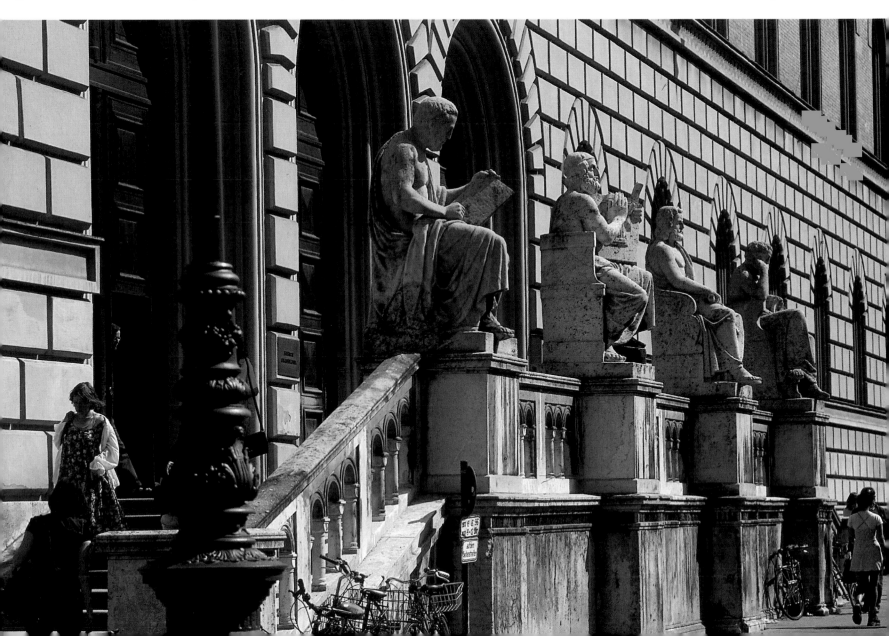

Schwabing — Englischer Garten

Viele ehemalige Studenten schwärmen vom Zauber Schwabings der früheren Jahre. In den Nebenstraßen, etwas abseits vom vordergründigen Treiben, ist noch viel vom alten schwabinger Flair zu spüren. Bei münchner Gärten denken viele Leute vor allem an die berühmten Biergarten, deren alte Traditionen und klassenlose Gemütlichkeit das Image dieser Stadt geprägt haben. – Der Englische Garten ist einer der ältesten Landschaftsgärten Europas und dient der Erholung. Unter dem Monopteros und am kühlen Eisbach sonnen sich die „Nackerten" mitten in der Stadt.

Schwabing — English Garden

Former students reminisce fondly abut the bygone magic of Schwabing, and side streets off the busy centre still retain something of the old flair. Mention of Munich's gardens recalls the famed beer gardens, whose traditions and classless, familiar atmosphere are indivisible from Munich's reputation. Opinions are divided, even among locals, on which is the most attractive and "gemütlich". – The English Garden, one of Europe's oldest landscape gardens, is a place to relax. Under the Monopteros and along the Eisbach, naked sunbathers are a common sight.

Schwabing — Jardin Anglais

Nombre d'anciens étudiants parlent encore avec enthousiasme du Schwabing d'autrefois. Cependant, le quartier a conservé sa magie dans ses petites rues, à l'écart des lieux très fréquentés. Quand on parle de jardins bavarois, on pense généralement aux fameux «jardins de bière» dont les anciennes traditions et la chaude convivialité «Gemütlichkeit». – L'Englischer Garten (Jardin Anglais), sillonné par plusieurs bras de l'Isar, est un des plus anciens parcs aménagés d'Europe. Il est un lieu de détente délicieux au cœur de la ville et en outre, le rendez-vous des «nudistes».

RESIDENZ, Grüne Galerie

Die Münchner Residenz (heute Museum) gehört zu den umfänglichsten Schlossbauten Europas. In mehr als 3 Jahrhunderten wurde hier an und umgebaut, dem Geschmack der Zeit angepasst und der herrschaftlichen Prachtentfaltung der Wittelsbacher ein Denkmal gesetzt. Die künstlerische Qualität der Palastanlage kann den schönsten Bauten der Welt standhalten. Die Grüne Galerie mit der zweigeschossigen Fassade und den Rundbogenfenstern zählt zu den Hauptwerken von Cuvilliés. Die originale Ausstattung macht sie zu einem der reichsten Museen für Raumkunst.

RESIDENZ, Green Gallery

The Munich Residenz (now a museum) is one of Europe's largest palaces. For over three centuries it was extended, rebuilt and tailored to fit the tastes of the times, a unique monument to the Wittelsbach dynasty's imperious desire for ever more splendour. Artistically, the palace complex is on a par with any of the world's most beautiful buildings. The Grüne Galerie with its two-storeyed facade and arched windows is regarded as one of the masterpieces of architect Cuvilliés. The contents make the Munich Residenz one of the world's richest museums of interior design.

LA RESIDENZ, Galerie Verte

La Residenz, aujourd'hui un musée, est un des plus grands et des plus beaux châteaux d'Europe. La construction de l'ancien palais royal de la maison Wittelsbach s'échelonne sur plus de trois siècles (du 16e au début du 19e s.). L'ensemble monumental fut à maintes reprises agrandi et remanié selon le goût des diverses époques. La «Grüne Galerie» à la façade percée de deux rangées de fenÍtres en plein cintre, est une des œuvres majeures de François Cuvilliés. La Residenz a conservé presque tous ses aménagements d'époque, ce qui en fait un des plus riches musées du monde en son genre.

Das Gewölbe des Antiquariums der Residenz dient auch heute noch der „fürstlichen" Prachtentfaltung bei wichtigen Staatsempfängen. Die beliebten Brunnenhofkonzerte gehören zu den stimmungsvollsten Veranstaltungen der Stadt. Hinter der eher unauffälligen Fassade verbergen sich unzählige Innenhöfe und Gebäudegruppen, die entdeckt werden wollen. König Ludwig II., der Märchenkönig, hat sich auf das Dach der Residenz gar einen Wintergarten mit nepalesischem Ambiente und künstlichem See bauen lassen. Er ist leider nicht mehr vorhanden.

The Antiquarium in the Munich Residenz, with its decorative vaulted ceiling, still serves as a noble reception hall on important state occasions. The most enchanting and impressive events in Munich are the Brunnenhof concerts. Behind the relatively unpretentious facade there are countless courtyards and groups of buildings just waiting to be discovered. In the 19th century, Ludwig II, the Dream King, even had a conservatory built on the roof of the palace, in imitation Nepalese style, with an artificial lake, though unfortunately this no longer exists.

Un grand nombre de réceptions officielles se déroulent encore sous les voûtes et dans l'ambiance «princière» de l'Antiquarium, la partie la plus ancienne du palais. Les concerts du «Brunnenhof» (Cour de la Fontaine) font partie des manifestations musicales les plus appréciées des Munichois. Les façades plutôt sobres du palais cachent une multitude de cours intérieures et de bâtiments qui valent vraiment d'être découverts. Sur le toit de la Residenz, le roi Louis II de Bavière fit aménager un jardin d'hiver au décor népalais, agrémenté d'une mare artificielle.

Nach dem Residenzbrand von 1729 erfolgten Umbau und Erweiterung der Räume am Grottenhof im Stil des frühen Rokoko. So ließ Kurfürst Karl Albrecht die Ahnengalerie mit 121 Bildnissen von in Bayern regierenden Herrschern und ihren Familien einrichten. Damit wollte er den hohen Rang des Hauses Wittelsbach zum Ausdruck bringen und seinen Anspruch auf die Kaiserkrone dokumentieren. 1742 hatte er dann sein Ziel erreicht und war bis zu seinem Tod drei Jahre später als Karl VII. – Kaiser des Heiligen Römischen Reiches Deutscher Nationen.

After fire swept through the Residenz in 1729, the rooms of the so-called Grottenhof were renovated and extended in Early Rococo style. So it was that Elector Karl Albrecht established the Ahnengalerie, a family portrait gallery containing 121 pictures of the rulers of Bavaria and their families. His aim in this was to emphasise the eminence of the Wittelsbach dynasty and also justify their claim to the Imperial throne. By 1742 he had fufilled his ambition and, until his death three years later, reigned as the Holy Roman Emperor Charles VII.

Après un incendie dans le palais en 1729, les salles du «Grottenhof» furent agrandies et remaniées dans le style baroque. C'est ainsi que le prince-électeur Carl-Albrecht fit aménager l'«Ahnengalerie» (Galerie des Ancêtres) qui renferme 121 portraits des membres de la dynastie des Wittelsbach. Il voulait documenter la puissance de la maison régnante de Bavière, de mîme que sa prétention à la couronne impériale. Il atteignit son objectif en 1742 et devint Charles VII, empereur du Saint-Empire romain germanique, avant de mourir trois ans plus tard.

RESIDENZ, Schatzkammer

Ein ganz besonderes Prunkstück, das Wahrzeichen der Münchner Schatzkammer, ist die Statuette des Ritters St.Georg. Sie entstand 1586-97. Münchner und Augsburger Goldschmiede verwendeten Perlen und Edelsteine, Gold, Silber und Email, um den Auftraggeber Herzog Wilhelm V. in seiner Prunkrüstung als ritterlichen Heiligen darzustellen. Hinter dem aufklappbaren Visier verbirgt sich das in Buchsbaum geschnittene Antlitz des Herzogs. Im Sockel befindet sich eine Reliquie des Heiligen Georg.

RESIDENZ, Treasury

The statuette of St.George is an opulent work that, one might say, has become the emblem and showpiece of whole Residenz Treasury. It was made at the command of Duke Wilhelm V (1586 to 1597) by goldsmiths from Munich and Augsburg, who used pearls and precious stones, gold, silver and enamel to depict Duke Wilhelm as the saintly knight St.George, decked out in splendid armour. The visor can be opened up to reveal the face of the duke, carved in boxwood. The pedestal contains a holy relic of St.George.

La Residenz, Trésor

L'œuvre d'art sans doute la plus précieuse du «Schatzkammer» (Trésor) de la Residenz, est la statuette du chevalier saint Georges, réalisée de 1586 à 1597. Des orfèvres munichois et augsbourgeois utilisèrent des perles, des pierres précieuses, de l'or, de l'argent et des émaux pour représenter, sous l'aspect d'un saint combattant, le duc Guillaume V, revêtu de son armure d'apparat. La visière mobile du heaume dissimule le visage sculpté dans du buis du souverain. Le socle de la statue renferme une relique de saint Georges.

Die Residenz war nicht nur Wohnsitz, Macht- und Herrschaftszentrum der Wittelsbacher, sondern auch der Ort, an dem der Hausschatz und die Kunstsammlungen aufbewahrt wurden. So zählt die Schatzkammer der Residenz München heute mit mehr als 1.250 Ausstellungsstücken zu den bedeutendsten Sammlungen dieser Art in Europa. Sie enthält prächtigen Schmuck, Orden, kirchliches Gerät, aufwendig gestaltete Gebrauchsgegenstände und die Kroninsignien. Seit 1958 sind diese Kostbarkeiten im Erdgeschoss des Königsbaus am Max-Joseph-Platz zu sehen.

The residence was not only the living quarters and the centre of power of the Wittelsbach dynasty, but also the place in which their treasures and art collections were kept. Today the treasury of the Munich Residenz, containing over 1.250 exhibition pieces, is one the most important collections of its kind throughout Europe. Items held here include superb jewellery, medals, ecclesiastical articles, ornately designed necessities and household goods and the royal insignia. Since 1958 this priceless collection has been kept in ten rooms on the ground floor of the royal palace.

La Residenz n'était pas seulement le lieu d'habitation et le centre du pouvoir des Wittelsbach, mais aussi l'endroit où étaient conservés le trésor et les collections d'art de la famille royale. Le Trésor renferme plus de 1.250 pièces d'orfèvrerie, de bijouterie, d'art religieux et d'insignes royaux, datant de l'époque carolingienne au 19e siècle. Depuis 1958, ces richesses des Wittelsbach sont exposées dans dix salles au rez-de-chaussée du «Königsbau» (édifice royal) qui donne sur le Max-Joseph-Platz. Elles constituent une des collections les plus importantes de ce genre en Europe.

Gründer der Schatzkammer war Herzog Albrecht V. Er legte 1565 in einer Urkunde fest, dass 19 einzeln aufgeführte „erb und haus clainoder" auf ewig in der Residenz bleiben müssten. Dazu gehört auch der mit 36 großen Saphiren besetzte, weiß emaillierte Prunkpokal, den der Münchner Goldschmied Hans Reimer 1563 für den Herzog geschaffen hat. Diese Stiftung des ersten großen Mäzens und Kunstsammlers des Hauses Wittelsbach erweiterten seine Nachfolger ständig. Sie ließen Goldschmiede für sich arbeiten und Kunstagenten, die Ankäufe vermitteln sollten.

The founder of the Residenz treasury was Duke Albrecht V. In 1565 he laid down in a charter that nineteen singly listed treasures from his house and inheritance should remain forever in his palace. Among them was a ceremonial white enamelled goblet, studded with 36 large sapphires, which the Munich goldsmith Hans Reimer created for the Duke in 1563. This bequest of the first great patron and art collector of the Wittelsbach family was continually extended by his successors, who gave contracts to goldsmiths and employed agents to arrange purchases of art works.

Le fondateur du Trésor est le duc Albert V de Bavière qui, en 1565, ordonna par écrit que les 19 pièces précieuses mentionnées dans le document ne devaient jamais quitter la Residenz. L'une d'elles était la coupe en émail blanc, sertie de 36 gros saphirs, commandée en 1563 par le duc à l'orfèvre munichois Hans Reimer. Les descendants du premier grand mécène et collectionneur de la maison des Wittelsbach poursuivirent son œuvre. Ils firent travailler des orfèvres célèbres ou engagèrent des agents qui achetaient pour eux des pièces rares dans toute l'Europe.

In dem Neubau der Bayerischen Staatskanzlei am Hofgarten wurde die Kuppel des im Krieg zerstörten, ehemaligen Armeemuseums einbezogen. – Wie eine festliche Gloriette überragt das Maximilianeum auf dem jenseitigen Isarhochufer die Prachtstraße. Seit 1949 tagen hier die Volksvertreter, der Bayerische Landtag. Eigentlich aber hatte es der König als Unterkunft „für die besten Jünglinge seines Landes" bestimmt. Die Stiftung des Königs gibt es noch immer, die Stipendiaten sind im Seitenflügel untergebracht und stolz darauf, Maximilianäer zu sein.

As the former army museum was largely destroyed in the war, the remaining cupola was integrated into the new State Chancellery. – On the other side of the rising Isar banks, the Maximilianeum towers over the boulevard below like a festive gloriette. Since 1949 the Bavarian Parliament has been meeting here. Actually, however, the king had it built as accommodation "for the best youths in the land". The king's foundation still exists; the scholars live in the side wing and are proud to belong to it.

La coupole de l'ancien musée de l'Armée détruit pendant la guerre, a été intégrée au nouvel édifice de la «Bayerische Staatskanzlei» (chancellerie de Bavière) qui se dresse près du Jardin de la Cour. – De l'autre côté de l'Isar, telle une pompeuse gloriette, le Maximilianeum domine la superbe avenue. Depuis 1949, il est le siège des élus du peuple le Landtag (Parlement) de Bavière. En fait, le roi l'avait destiné à recevoir «les jeunes les plus brillants du pays». La fondation royale existe encore, les boursiers habitent dans une aile latérale et sont fiers d'être des «Maximilianéens».

KÖNIGSPLATZ

Unter dem Eindruck antiker Statuen des Louvre in Paris und der Parthenon-Skulpturen in London, fasste Ludwig I. schon jung den Plan, München zum „Kulturgebilde von so runder Vollkommenheit zu gestalten, wie die Deutschen nur wenige erlebt haben". Diesem „griechischen Traum" folgte er Zeit seiner Regentschaft. Zu deren Beginn, 1825, ließ er die Glyptothek errichten. Am Tage nach seiner Abdankung 1848 genehmigte er noch den Plan zum Bau der Propyläen. Der Königsplatz wurde damit abgeschlossen und trug München den Beinamen „Isar-Athen" ein.

KÖNIGSPLATZ

Under the spell of the classical statues in the Louvre in Paris and the Parthenon sculptures in London, King Ludwig I, while still crown prince, made up his mind to turn Munich into a "cultural work of such sheer perfection as only few Germans have experienced". He pursued this "Greek dream" during his regency. At the beginning of it, in 1825, he built the Glyptothek. On the day of his abdication in 1848 he approved the plan to build the Propyläen. The Königsplatz with its buildings was thus complete, and Munich became known as the "Isar Athens".

KÖNIGSPLATZ

Impressionné par les statues antiques du Louvre à Paris et par les sculptures du Parthénon à Londres, le roi Louis Ier, encore prince héritier, conçut le projet de faire de Munich «une œuvre d'art unique et d'une perfection rarement vue par les Allemands». Il poursuivit son «rêve hellénique» durant sa Régence. A peine couronné, en 1825, Il fit construire la Glyptothèque. Et au lendemain de son abdication, en 1848, il approuvait encore le plan de construction des Propylées. Les travaux de construction du Königsplatz étaient ainsi terminés. Munich prenait le surnom de «Athènes sur l'Isar».

PALÄONTOLOGISCHES MUSEUM

Im Schatten der Propyläen hat sich der Malerfürst und Portraitist vieler berühmter Zeitgenossen, Franz von Lenbach, um 1890 eine Villa im Stil der italienischen Renaissance erbauen lassen. Heute residiert hier die Städtische Galerie. Im Bereich des U-Bahnhofes Königsplatz verfügt die Lenbach-Galerie über einen zusätzlichen „Kunstbau", der für Ausstellungen von hohem Rang genutzt wird. An der Rückseite des Lenbachhauses zeigt die Paläontologische Staatssammlung Skelette von Riesenflugsauriern, eines 10 Millionen Jahre alten Urelefanten und anderen ausgestorbenen Lebewesen.

PALAEONTOLOGY COLLECTION

In the shadow of the Propyläen the painter prince and portraitist Franz von Lenbach, had a villa built around 1890 in the Italian Renaissance style. Today it is the home of the Municipal Gallery. In the Königsplatz Underground station the Lenbach Gallery runs an additional Art Hall, which is used for special exhibitions of a high standard. Behind the Lenbach House the State Palaeontology Collection takes us back into earlier geological eras with skeletons of a 10-million-year-old primeval elephant, giant dinosaurs and other creatures.

MUSEE DE PALEONTOLOGIE

A l'ombre des Propylées, le peintre Franz von Lenbach fit, vers 1890, construire une villa dans le style de la Renaissance italienne. C'est ici que l'on trouve aujourd'hui la galerie municipale Lenbach. Dans la station de métro «Königsplatz», la galerie dispose d'un espace d'exposition, le «Kunstbau», utilisé pour des expositions temporaires. Derrière la galerie, la collection nationale de Paléontologie contient des squelettes de pétrosauriens, d'un éléphant géant de dix millions d'années et d'autres espèces animales disparues.

Die Bavaria mit Löwe und Eichenkranz beschützt die Theresienwiese, auf der das Oktoberfest stattfindet. Aus ihrem Kopf hat man einen fantastischen Ausblick über die Stadt. Die Ruhmeshalle, die sie mit dorischen Säulen flankiert, birgt auf Wunsch König Ludwigs I. Marmorbüsten von „ausgezeichneten Bayern". – Oktoberfest heißt das Zauberwort, bekannt bis in den letzten Winkel der Erde. Für viele Menschen ist es der Inbegriff von München. Den Auftakt zu diesem größten Volksfest macht das Münchner Kindl hoch zu Ross, gefolgt von Trachtengruppen und Brauereizügen.

The figure of Bavaria with her oak garland and attendant lion stands guard over the Theresienwiese, site of Munich's Oktoberfest. From the vantage point of her head there is a fantastic view of the city. She is flanked by the Doric pillars of the Ruhmeshalle, (Hall of Fame), which, as decreed by Ludwig I, contains marble busts of distinguished Bavarians. – Oktoberfest is the magic word, known in the most remote corners of the world. For many it is the byword for Munich. This greatest of all public festivals is opened by the 'Munich Child', followed by groups in traditional costume and brewer's drays.

Depuis le 19e siècle, la Bavaria, (statue de la Bavière) offre une belle vue sur Munich depuis la plateforme installée dans sa tête. Elle est encadrée du portique de colonnes doriques de la «Ruhmeshalle» (Salle de la Gloire) qui renferme les bustes en marbre de «Bavarois émérites», selon le souhait du roi Louis Ier. – Le mot magique: Oktoberfest! La fête est pour beaucoup le symbole de Munich. "L'Enfant munichois" à cheval, suivi de groupes folkloriques et représentants des brasseries, ouvre la célèbre fête de la bière de Munich.

Nur Geschichtsbewusste wissen, dass der Anlass für dieses Ereignis fast 190 Jahre zurückliegt: die Hochzeit des Kronprinzen Ludwig mit Therese von Sachsen-Hildburghausen. Der Hof lud zur Feier, stiftete Bier und Brotzeit, und das Volk bedankte sich mit einem „ergötzlichen" Pferderennen. Zum Gedenken wurde das Fest auf der „Theresienwiese" wiederholt, zur Freude der Münchner und des Volks aus dem Umland. Erst die jüngste Vergangenheit hat das Fest immer bunter und spektakulärer werden lassen und Gäste aus der ganzen Welt angezogen.

Only those with an awareness for history know that the origin of this event goes back almost 190 years: the festivities to mark the marriage of Crown Prince Ludwig to Therese von Saxe-Hildburghausen. The court issued an invitation to the celebration, provided beer and food, and the people expressed their thanks with an exciting horse race. In memory of this event, the festival was repeated in the same place, the Theresienwiese, to the delight of the people of Munich and its environs. Not until recent days has the festival become more and more colourful and spectacular.

Seuls les amateurs d'histoire savent que son origine remonte à près de 190 ans, date des noces du prince héritier Louis avec Thérèse de Saxe-Hildburghausen. La cour invita à fêter, distribua bière et victuailles et la population remercia par une superbe course de chevaux. En souvenir de cet événement, la fête fut répétée sur la même prairie, la «Theresienwiese», à la grande joie de la population de Munich et des environs. Ce n'est que depuis peu que la fête de la bière est devenue de plus en plus bigarrée et attire des visiteurs du monde entier.

Die festlich geschmückten Brauereigespanne mit den schweren Rössern, die schmetternde Blasmusik, der Geruch von Steckerlfisch, gebrannten Mandeln, türkischem Honig und gebraten Hendln gehören zum Erlebnis. Das einmalige Gemisch von Tradition und Fortschritt ist das Geheimnis dieser Mammutveranstaltung. Der Glanz des Lichtermeeres zu Füssen der Bavaria, die unnachahmliche Stimmung in den riesigen Bierzelten und das „aufdrahte" Treiben in den Schaustellerstrassen strahlen einen kaum beschreibbaren Reiz aus, den man einfach erlebt haben muss.

The splendidly decorated brewery drays drawn by heavy horses, the music of the brass band blaring out, the smell of spit-roast fish, sugared almonds, Turkish delight and roast chickens are just as much part of the Oktoberfest experience as a treble looping on the most modern switchback. The unique mixture of tradition and progress is the secret of this mammoth event. A glowing sea of lights at the feet of the Bavaria statue, the inimitable atmosphere in the huge beer tents and the high-spirited bustle in the side-show aisles radiate an almost indescribable attraction.

Les chars décorés des brasseries, tirés par des chevaux de trait, la musique étourdissante des instruments à vent, l'arôme des amandes et des poissons grillés, des sucreries turques et des poulets rôtis rendent la visite à la «Wiesn» inoubliable. Le secret de cette manifestation gigantesque réside dans ce mélange unique de tradition et de progrès. La mer de mille lumières au pied de la statue Bavaria, l'ambiance inimitable dans les immenses tentes de bière et la joyeuse animation dans les allées dégagent une fascination indescriptible à laquelle on ne peut se soustraire.

Zu den (übrigens nicht ganz billigen) Münchner Sommervergnügen gehören die Floßfahrten isarabwärts. Mit Bier und Dixieland geht es dabei in fünf bis sieben Stunden von Wolfratshausen bis zur Floßlände in München-Thalkirchen. Früher waren die Floße - eigentlich dazu bestimmt, die Baumstämme aus den bayerischen Bergen abzutransportieren - auch reguläre Verkehrsmittel, auf denen man von Tölz bis Wien und Budapest reisen konnte. Vergnügungsfahrten auf Flößen gibt es heute noch auch auf der Wilden Rodach in Oberfranken.

One of the pleasures of summer in Munich - hardly the cheapest one - is to cruise by raft down the Isar. From Wolfratshausen to the landing stage in the suburb of Thalkirchen takes from five to seven hours, with beer and Dixieland jazz to while the time away. Originally these huge rafts were used to transport tree trunks from the Bavarian highlands, though they also provided ferry services, carrying passengers from Tölz as far as Vienna and Budapest. Pleasure cruises on rafts also take place on the Wilden Rodach in Upper Franconia.

Une vieille tradition allemande: de nombreuses brasseries livrent encore les tonneaux de bière destinés aux fêtes dans des carrioles tirées par des chevaux. – Descendre l'Isar sur un radeau est un des plaisirs estivaux favoris (bien qu'assez onéreux) des Munichois. Avec de la bière et de la musique «Dixie», on part pour un joyeux trajet de cinq à sept heures, entre Wolfratshausen et München-Thalkirchen. Les radeaux servaient autrefois à descendre les troncs d'arbres des montagnes bavaroises jusque dans les vallées. Ils étaient aussi un moyen de transport.

Das kühn konstruierte Zeltdach des Olympiastadions, der eigenwillige Bau des BMW-Hochhauses, das Streckennetz der U- und S-Bahnen, die Fußgängerzone der Altstadt: Mit den Olympischen Spielen 1972 hat München zukunftsorientierte Schritte gewagt. Das Stadtbild erhielt ein modernes Kleid, das harmonisch mit den gewachsenen Traditionen verschmolz. Die olympischen Sportstätten sind heute ein vielgenutztes Areal für die sportbegeisterten Münchner. Das riesige Freizeitzentrum des Olympiaparks bietet genügend Platz auch für Weltstars und Großereignisse.

The bold design of the Olympic Stadium's tent roof, the highly individual construction of BMW's high-rise administrative building, the network of Underground and suburban railway lines, the pedestrian precincts in the Old Town: when Munich hosted the Olympic Games in 1972 it ventured to move in a direction that pointed the way ahead. The townscape was given a modern look which fused harmoniously with its deep-rooted traditions. The Olympic sports sites are today a area for the sports-mad people of Munich. The huge leisure centre of the Olympia Park also provides a stage for world stars.

La hardiesse de la construction du toit du stade olympique, l'étrange tour BMW avec ses quatre fûts cylindriques, le réseau du métro et du RER, la zone piétonne dans la vieille-ville: avec les jeux olympiques de 1972, Munich s'est engagée sur la voie du futur. La ville a pris une physionomie contemporaine qui a su allier harmonieusement tradition et modernisme. Les installations olympiques sont aujourd'hui très utilisées par les Munichois friands de sport. Le vaste centre de loisirs du parc olympique permet d'accueillir artistes internationaux et manifestations importantes.

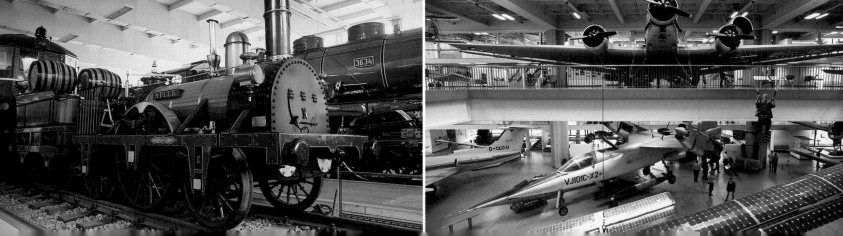

DEUTSCHES MUSEUM

Das Deutsche Museum auf der Isarinsel gilt als das größte technisch-naturwissenschaftliche Museum der Welt. Auf 50.000 qm Ausstellungsfläche zeigen und erklären ungezählte Exponate die Entwicklung von Technik und Naturwissenschaften. Von der Gewinnung der Bodenschätze in einem Bergwerk bis hin zum aktuellen Stand der Weltraumforschung. In 46 Abteilungen ist alles vertreten, was einen Gutteil unseres heutigen Lebens ausmacht. Äusserst sehenswert ist auch die Flugwerft des Deutschen Museums mit 8.000 qm Ausstellungsfläche.

DEUTSCHES MUSEUM

The Deutsches Museum on the Isar Island is one of the world's largest museums of technology and natural science. And it is a gigantic show. On an exhibition area of 538.000 square feet innumerable exhibits illustrate and explain the development of science and technology. From extracting minerals from a mine to the current state of space research. In 46 departments everything is represented that makes up a good deal of our present-day life. Extremely well worth seeing is the Hangar (Flugwerft) of the Deutsches Museum with an exhibition area of 8.000 m².

MUSEE ALLEMAND

Le «Deutsches Museum», Musée allemand, sur l'île de l'Isar, est le plus grand musée du monde consacré aux sciences et aux techniques. Sur 50.000 m², d'innombrables objets et systèmes exposés expliquent le développement de la technique et des sciences naturelles, depuis l'extraction des richesses du sous-sol dans une mine jusqu'aux découvertes les plus modernes de la recherche spatiale. Dans 46 sections, on trouve tout ce qui entoure notre vie quotidienne. A ne pas manquer: la visite du chantier aéronautique du musée (Flugwerft) d'une superficie d'exposition de 8.000 m².

PINAKOTHEK DER MODERNE ▷

Er war der letzte der Kunstsammler aus dem Hause Wittelsbach und auch der bedeutendste: König Ludwig I. Als er 1826 die Alte Pinakothek bauen ließ, brachte er die reichen Schätze der Vorfahren als Grundstock ein. Auch die Neue Pinakothek, 1981 als moderner Museumsbau wiedereröffnet, geht auf die Sammlerleidenschaft Ludwig I. zurück. Mit der neuen Pinakothek der Moderne hat man nun einen einmaligen Museumskomplex geschaffen. - Der berühmte Zyklus von Historienbildern mit der „Alexanderschlacht" von Albrecht Altdorfer (1529) im Auftrage von Herzog Wilhelm IV. gefertigt.

He was the last of the passionate, knowledgeable art collectors with good taste from the House of Wittelsbach and also the most important: King Ludwig I. When, in 1826, he had the Old Pinakothek built, he contributed to it the rich treasures of his ancestors as its initial holdings. The New Pinakothek, reopened in 1981, has its origin in Ludwig I's passion for collecting. With the completion of the Pinakothek Museum of Modern Art in 2002, Munich now possesses a unique museum complex. – The famous cycle of historical paintings, Duke Wilhelm IV had already commissioned, included the of which the Battle of Alexan.

Louis Ier fut le dernier et le plus grand des collectionneurs avertis, passionnés d'art et érudits de la maison des Wittelsbach. Lorsqu'il fit construire l'Ancienne Pinacothèque, en 1826, il lui apporta les riches trésors de ses ancêtres. La Nouvelle Pinacothèque, restaurée et réouverte en 1981, abrite des œuvres d'art réunies grâce à la passion de collectionneur de Louis Ier de Bavière. Un complexe muséal unique est né avec la création de la nouvelle pinacothèque du Moderne. – Le duc Guillaume IV avait déjà commandé une série de peintures historiques dont la «Bataille d'Alexandre» de A. Altdorfer.

NEUE PINAKOTHEK

Dank der Dürer-Gemälde von Kurfürst Maximilian I., der reichen Rubens-Sammlung aus den Ankäufen Kurfürst Max Emanuels und der Sammlung des Johann Wilhelm von der Pfalz, verfügte die Alte Pinakothek über Schätze, mit denen sie schon bei ihrer Eröffnung zu den bedeutendsten Sammlungen der Welt zählte. – Das Bild zeigt aus der Neuen Pinakothek: „Clorinde befreit Olindo und Sophronia" (um 1853/1856) von Eugène Delacroix.

NEW PINAKOTHEK

Thanks to the Dürer paintings belonging to Prince Elector Maximilian I, the rich Rubens collection from the acquisitions of Prince Elector Max Emanuel and the considerable number of pictures held by Johann Wilhelm von der Pfalz, the Old Pinakothek possessed treasures that made it one of the major collections in the world as soon as it was opened. – Illustrated is a work by the artist Eugène Delacroix. It hangs in the Neue Pinakothek and is entitled 'Clorinde frees Olindo and Sophronia' (c. 1853-1856).

NOUVELLE PINACOTHEQUE

Avec les tableaux de Dürer du prince-électeur Maximilien Ier, la riche collection des Rubens provenant des acquisitions du prince-électeur Max Emanuel et la collection de Jean-Guillaume du Palatinat, l'ancienne Pinacothèque possédait des trésors, qui dès son inauguration, en faisaient une des plus marquantes collections du monde. La Nouvelle Pinacothèque comporte des peintures du XIXe siècle dont le remarquable tableau d'Eugène Delacroix: «Clorinde libère Olindo et Sophronia», réalisé vers 1853 à 1856.

ALTE PINAKOTHEK

Die Vertreter der Frühromantik, wie Caspar David Friedrich oder die französische Avantgarde mit Cézanne, Manet, Corot, Courbet, hängen neben Werken von Goya, Gainsborough, Leibl und Spitzweg. Das Bild zeigt in der Alten Pinakothek: „Der trunkene Silen" (um 1617/18 und 1626 erweitert) von Peter Paul Rubens. Aus der Schar der Silene, die zum Gefolge des Gottes Dionysos (Bacchus) gehören, ist Silenos, der Erzieher des Dionysos, dargestellt.

OLD PINAKOTHEK

The leading representatives of early romanticism, such as Caspar David Friedrich or the French avant-garde with Cézanne, Manet, Corot and Courbet hang beside works by Goya, Gainsborough, Leibl and Spitzweg. – The illustration shows 'The Drunken Silenus' by Peter Paul Rubens (1617, augmented in 1626), Alte Pinakothek. A Silenus was a follower of Dionysus (Bacchus), god of wine and revelry, and Rubens here portrays Silenos, Dionysus' foster-father. His features bear a striking resemblance to those of Socrates.

ANCIENNE PINACOTHEQUE

Les grands maîtres du romantisme allemand tel Caspar David Friedrich y sont représentés, de même que des artistes français comme Cézanne, Manet, Corot et Courbet, accrochés à côté de tableaux de Goya, Gainsborough, Leibl et Spitzweg. – La photo montre «Silène ivre», œuvre de Paul Rubens (vers 1617/18, agrandie en 1626). Silène, le père nourricier de Dionysos (Bacchus), ressemble ici à Socrate.

Im Sommer beliebte der fürstliche Hof „aufs Land" zu ziehen. Für die Kurfürstin Henriette Adelaide wurde Schloss Nymphenburg errichtet und später zu einem imposanten Ensemble ausgebaut. Die berühmte Schönheitengalerie König Ludwig I. ziert den südlichen Flügel des Schlosses. In einem der Kavaliershäuser des Schlossrondells ist die Porzellanmanufaktur untergebracht, der die Schöpfungen des genialen Bustelli schon vor 200 Jahren zur Weltgeltung verholfen haben.

In the summer the princely court chose to move "to the country". Nymphenburg Palace was built for the Electress Henriette Adelaide and later expanded into an imposing ensemble. King Ludwig I's Gallery of Beauties graces the southern wing of the palace. The Porcelain Manufactury, which Bustelli's brilliant creations helped to make world-famous is accommodated in one of the noblemen's houses at the circular palace flower bed.

En été, les souverains bavarois et la cour allaient résider à la campagne. Construit en 1664 pour Henriette-Adelaïde, épouse du prince-électeur Ferdinand-Marie, le château de Nymphenburg fut agrandi et embelli à diverses périodes. Le pavillon Sud abrite la célèbre Galerie des Beautés du roi Louis Ier. La manufacture de porcelaine, fondée en 1761, est installée dans le «Schlossrondell» (ensemble de pavillons en demi-cercle). On peut y admirer des œuvres du génial Bustelli.

Die kleinen Schlösschen, die im weitläufigen Park verborgen sind, lassen ahnen, wie lustvoll und glänzend das höfische Leben damals gewesen sein muss. In der Amalienburg steigerte François Cuvilliés seine Rokokokunst fast ins Irrationale. Er ließ das prunkvolle Silber der Wanddekorationen von „tausend Spiegeln" ins Unendliche vervielfachen. Die Pagodenburg mit ihrem kachelverkleideten „Salettl" ist von intimer Heiterkeit. Dazu die Badenburg, die Europas erstes beheizbares Hallenbad gewesen sein soll.

The little palaces hidden away in the extensive park give us some idea of how enjoyable courtly life must have been at that time. In the Amalienburg François Cuvilliés raised his rococo art to almost irrational heights. He had the magnificent silver of the wall decorations reflected to infinity by "a thousand mirrors". The Pagodenburg with its tiled arbour is intimate and cheerful. In addition to that the Badenburg, said to be Europe's first heatable indoor swimming pool.

Le luxe des pavillons disséminés dans le vaste parc donnent une idée du faste de la vie à la cour. L'ancien pavillon de chasse «Amalienburg», œuvre de François Cuvilliés, est le summum de la richesse exubérante du style rococo. Selon l'idée de son créateur de génie, les décorations murales en argent se réfléchissent à l'infini dans «mille miroirs.» La «Pagodenburg» est un élégant petit édifice auquel des revêtements intérieurs en faïence de Delft confèrent une atmosphère intime. La «Badenburg» ou pavillon des bains aurait abrité la première piscine chauffée d'Europe.

Zu Lebzeiten König Ludwigs II. kannten die Bauern nur flackerndes Kerzenlicht oder Kienspäne. Es muss ihnen deshalb wie ein Wunder vorgekommen sein, wenn der König mit seinem von ruhig brennendem elektrischen Licht beleuchteten Schlitten mit Gebimmel durch das nächtliche Oberbayern fuhr – Das Marstallmuseum zeigt seine Schätze, zum Beispiel die goldglänzenden Karossen des Märchenkönigs Ludwig II., im linken Seitenflügel des Schlosses. Im gegenüberliegenden Schlosstrakt wurde das moderne Museum „Mensch und Natur" eingerichtet.

In the reign of Ludwig II, the only artificial light the peasants knew was in the form of flickering candlelight or pinewood spills. It must have seemed a miracle when the king passed by on nightly rides through Upper Bavaria, on a sleigh with tinkling bells, illuminated by continuous electric light. – The Royal Stables Museum (Marstallmuseum) exhibits its treasures, for example the golden carriages that belonged to the fairy-tale king Ludwig II, and opposite, in the left side wing of the palace, the modern Man and Nature Museum has been set up.

A l'époque du roi Louis II, les paysans ne connaissaient que la lumière des bougies ou des torches. Ils devaient croire à un miracle quand ils apercevaient la nuit, sur les routes de campagne, les carrosses et traîneaux éclairés à l'électricité du roi et de sa suite. – Installé dans l'aile gauche du château, le Marstallmuseum expose les superbes carrosses des rois bavarois, pour la plupart construits à Paris. Les traîneaux dorés et sculptés de Louis II, le roi de contes de fées, sont tout simplement magnifiques. Le bâtiment en face du musée abrite le musée moderne «Homme et nature.»

Kat. 40

Rundfahrt in die Umgebung von München und zu den Königsschlössern

Ebenfalls vor den Toren der Stadt setzte sich Kurfürst Max Emanuel mit dem Bau des Barockschlosses Schleißheim ein grandioses Denkmal. In dessen symmetrisch gegliederter Gartenanlage „lustwandeln" heute die Münchner Bürger. Viele davon gönnen sich dort mit der großartigen Sammlung von Meissener Porzellan im Schloss Lustheim einen exquisiten Kunstgenuss.

Prince Elector Max Emanuel put up a grandiose monument to himself, which was also outside the gates of the town, when he built baroque Schleissheim Palace. Today the citizens of Munich stroll through its symmetrically laid out gardens. There many give themselves the pleasure of viewing the magnificent collection of Dresden china in Lustheim Palace.

Le prince-électeur Max-Emanuel a laissé un monument grandiose à la postérité en faisant édifier le château de Schleissheim qui se dresse aux portes de Munich. L'édifice baroque, construit de 1701 à 1722, d'après le modèle de Versailles, est entouré d'un parc magnifique qui est un lieu d'excursion favori des Munichois. Il abrite le petit château de Lustheim, de style baroque tardif, réalisé par Zuccalli en 1684, et où est exposé une remarquable collection de porcelaines de Mayence.

Mehr als 330 Meter lang ist die Front des Schlosses Schleißheim, das den fürstlichen Machtanspruch in barocker Ausformung zeigt. Es ergänzt das Alte Schloss gegenüber, das mit seinem Gutshof und zwei umfänglichen Wirtschaftshöfen eher ländlichen Charakter trägt. Die Festsäle und Privatgemächer des Neuen Schlosses zeigen die Prachtentfaltung des Barock und öffnen sich in den kunstvoll angelegten Garten, an dessen anderem Ende Schloss Lustheim steht, ein spätbarocker Bau von Zuccalli, in dem eine bedeutende Porzellansammlung besichtigt werden kann.

The frontage of Schloss Schleissheim, over 330 metres long, was designed to illustrate aristocratic might in Baroque style and was modelled on the Palace of Versailles. It supplements the Alte Schloss opposite, whose extensive farm and manor buildings lend it a more rural aspect. The state rooms and private chambers of the later palace display all the splendours of the Baroque, opening out spaciously into artistically laid-out gardens. The highlight of a visit is surely the picture gallery, which contains a truly remarkable collection of Baroque art.

Longue de plus de 330 mètres, la façade de l'admirable architecture baroque fait face à l'ancien château de Schleissheim (17e s.), auquel des bâtiments de ferme confèrent l'apparence d'un domaine rural. Le nouveau château abrite un escalier splendide et des salles d'apparat richement décorées, avec de beaux ouvrages en stucs et des plafonds peints. La galerie de tableaux donne une vue d'ensemble unique sur la peinture baroque en Europe. La plupart des grands maîtres du baroque italien, flamand, hollandais, français et allemand y sont représentés.

64FLUGHAFEN MÜNCHEN – Bayerns Tor zur Welt / Munich Airport - the global gate of bavaria / Aéroport de Munich – la porte bavaroise sur le monde

Der Standort München entwickelt sich mit einer außerordentlichen Dynamik. Immer mehr Passagiere landen am Münchner Flughafen, um von hier aus auf Flüge in alle Welt umzusteigen. Der Passagierbereich des Flughafens bietet kurze Wege, schnelle Infos und perfekten Service sowie ein multifunktionales Dienstleistungs- und Kommunikationszentrum (MAC). Im Jahr 2003 wird der neue Terminal 2 eröffnet, womit sich die Passagierzahlen bis 2010 von bisher ca. 24 Mio. auf ca. 40 Mio. erhöhen sollen. Bis dahin werden im gesamten Flughafenbereich 36.000 Arbeitsplätze erwartet!

Munich has recently undergone an extraordinarily rapid phase of development. More and more passengers land at Munich Airport, and from here flights depart to numerous international destinations. The airport passenger zone offers quick transfer, fast access to information, and a multifunctional communication centre (MAC). In 2003 Terminal 2 is due to open, which according to current estimates will increase the number of passengers from 24 million to 40 million by 2010. It is predicted that by then, the airport as a whole will employ a work force of 36,000.

Munich connaît un développement extrêmement dynamique. Le nombre des passagers qui atterrissent à Munich pour prendre des vols vers tous les coins du monde, ne cesse de s'accroître. L'aérogare offre aux passagers de courts trajets, des informations rapides et un service parfait, de même qu'un centre multifonctionnel de prestations de service et de communication (MAC). Après l'ouverture du terminal 2 en 2003, le nombre des passagers aura augmenté de 24 millions à environ 40 millions en 2010. L'aéroport aura alors une capacité de 36 000 emplois.

KÖNIGSSCHLOSS HERRENCHIEMSEE

Die Majestät wünschte sich im Gebirge ein Schloss, das an Versailles erinnern und eine Huldigung an Ludwig XIV. von Frankreich sein sollte. Siebzehn Pläne waren gezeichnet und wieder verworfen worden, ehe König Ludwig II. den idealen Bauplatz fand - auf der Insel Herrenchiemsee, die er 1873 kaufte (ehe sie Holzspekulanten in die Hand fiel). Am 21. Mai 1878 wurde der Grundstein gelegt, doch die große dreiflügelige Anlage mit Park und Brunnen wurde nicht mehr vollendet. – Der wichtigste Raum ist der Versailles nachempfundene 96 Meter lange Spiegelsaal.

HERRENCHIEMSEE PALACE

Ludwig II desired nothing more than a palace in the mountains to remind him of Versailles and honour Louis XIV of France. Seventeen futile designs were drawn up for Ludwig's dream palace until he found the ideal spot, Herren-insel in the Chiemsee. He bought the island in 1873, thus saving it from timber speculators, and the foundation stone was laid on 21 May 1878, though the palace was never completed. Herrenchiemsee has three wings and is set in a park with fountains. – The famed Hall of Mirrors, 96 metres long, is modelled directly on Versailles.

CHÂTEAU DE HERRENCHIEMSEE

Le roi Louis II de Bavière désirait un château dans les montagnes qui rappelle-rait Versailles et serait un hommage au roi Louis XIV de France. Dix-sept plans furent dessinés et rejetés avant que sa majesté ne découvre l'endroit idéal sur l'île de Herrenchiemsee qu'il acheta en 1873 (avant qu'elle ne tombe entre les mains de spéculateurs du bois). La première pierre était posée le 21 mai 1878, mais l'édifice de trois ailes qui domine le vaste lac dit Chiemsee, ne fut jamais achevé. – La salle principale est la Galerie des Glaces construite d'après le modèle de Versailles.

Im Sommer gehört der 58 km² große Starnberger See den Schwimmern, Seglern und Surfern aus der nahen Großstadt. Vor Schloss Berg, im Starnberger See, fand König Ludwig II. 1886 einen rätselhaften Tod. – Um 1450 wurde an Stelle der Burg das Kloster Andechs errichtet, dessen Kirche nach einem Brand neu gebaut und um 1750 in prachtvollem Rokoko ausgestattet wurde. Neben der Kirche gibt es auf dem „Heiligen Berg", wie's bayerische Sitte ist, ein Wirtshaus. Es ist weithin berühmt und besitzt eine eigene Brauerei.

In summer, the 58 square kilomentres of the lake seem to be taken over entirely by swimmers, windsurfers and sailors from nearby Munich. Near Castle Berg, a cross marks the spot where, in 1886, Ludwig II drowned in the lake of Starnberg in mysterious circumstances. – In 1450, the monastery of Andechs was built on the site of an old castle. When the monastery church burnt down, it was replaced by an opulent Rococo church in 1750. Next to the church on the holy mount, in best Bavarian style, stands a well-known inn which serves beer from its own brewery.

En été, le lac de Starnberg de 58 km² appartient aux nageurs, aux amateurs de surf et de voile de la métropole voisine. Interné au château de Berg, Louis II trouva la mort à 41 ans, en se noyant dans le lac en 1886. – L'abbaye d'Andechs fut bâtie sur l'emplacement de l'ancien château des seigneurs de l'endroit en 1450. Son église, reconstruite après un incendie, fut remaniée dans le style rococo en 1750. Selon la coutume en Bavière, une auberge avoisine l'église abbatiale de la «montagne sacrée». Elle est très réputée et possède sa propre brasserie.

Schon seit den Römertagen brachte die Straße von Italien Handelsleute in den Ort „mitten im Scharnitzwald". Als die Venezianer 1485 ihren Markt von Bozen hierher verlegten, belebte sich das Geschäft. Dafür, dass es auch nach der Aufhebung dieses Marktes 1679 gut weiterging, sorgte der 1653 geborene Matthias Klotz. Er hatte in Cremona bei Amati gelernt und führte nach der Rückkehr in seinem Heimatort den Geigenbau ein. Heute leben die Mittenwälder vor allem vom Fremdenverkehr.

A trade route from Italy has passed through Mittenwald – the middle of the wood – since Roman times and its influence here has been inestimable. The Venetians transferred their trading station from Bozen to Mittenwald from 1485 to 1679, but even after their withdrawal, business did not flag, for in the 17th century, Matthias Klotz, a violin-maker who had learned his trade from Amati in Cremona, introduced the craft to his home town, making Mittenwald a byword for all string players. Today tourists provide the chief source of income.

Depuis l'époque romaine, la route venant d'Italie amenait des commerçants dans cette localité «au milieu du Scharnitzwald». Les affaires prospérèrent à partir de 1485 quand les Vénitiens y transférèrent leur marché de Bozen. A leur départ en 1679, le bourg ne perdit pas sa situation florissante grâce à Matthias Klotz né en 1653. Il avait été élevé d'Amati à Crémone et rapporta la fabrication de violons dans son pays. Aujourd'hui, Mittenwald vit surtout du tourisme.

Der 30-jährige Krieg unterbrach jäh den Welthandel, die goldenen Zeiten waren vorbei. Erst mit dem einsetzenden Tourismus (Anfang 1900) kam für das Gebiet wieder der Aufschwung. Die Vielfalt der Naturschönheiten und die mannigfaltigen Sport und Erholungsmöglichkeiten haben Garmisch-Partenkirchen so bekannt im deutschen Alpengebiet gemacht. Als Austragungsort der Olympischen Winterspiele 1936 wurde er weltweit zu einem Begriff. Hier wohnt man am Fuße des erstmals 1820 bestiegenen, mit 2.963 Metern der höchste Berg Deutschlands – die Zugspitze.

The Thirty Years' War brought international trading to an abrupt halt and marked the end of the region's heyday. It was not until the first tourists arrived, around 1900, that the area began to flourish once more. The great variety of sites of natural beauty and the numerous opportunities for sport and recreation have made Garmisch-Partenkirchen well-known in the German Alps, and the name of the community became a household word when the Winter Olympics were held here in 1936. The residents live at the foot of Germany's highest mountain (2,963 m), the Zugspitze.

La guerre de Trente Ans mit fin au commerce mondial et à la prospérité de la région. Ce n'est qu'avec le tourisme (début 1900) que la vallée retrouva son essor. La diversité de sa nature merveilleuse, les innombrables possibilités de sports et de détente ont fait de Garmisch-Partenkirchen une des stations les plus réputées des Alpes allemandes. Son nom a été connu dans le monde entier après qu'elle eut accueilli les Jeux Olympiques d'hiver en 1936. La station s'étend au pied de la Zugspitze, la plus haute montagne d'Allemagne (2.963 m).

Im Dorf Oberammergau wird von den Einwohnern, einem Gelübde von 1634 folgend, im Zehnjahresabstand die Leidensgeschichte Christi gespielt. – An Stelle eines einfachen alten Jagdhauses ließ sich König Ludwig II. seitab von Ettal, im Graswangtal, zwischen 1870 und 1878 das kleine Schloss Linderhof errichten. Dieser ganz unzeitgemäße, im Rokokostil der Bourbonenkönige errichtete Bau, wurde mit einem 50 Hektar großen Park umgeben.

The people of nearby Oberammergau, following a vow made when they were saved from the plague in 1634, have ever since performed their Passion Play every 10 years. – In Graswangtal, just off Ettal, King Ludwig II of Bavaria built the delightful little palace of Linderhof between 1870 and 1878, on the site of a simple old hunting lodge. Linderhof, surrounded by a 50-hectare park, was an anachronism from the first, designed as it was in the Rococo style of the French Bourbon kings.

Dans le village d'Oberammergau, la représentation du grand drame de la Passion qui a lieu tous les dix ans est la conséquence d'un vœu solennel fait par les habitants en 1634. – Sur l'emplacement d'un modeste pavillon de chasse qui se dressait dans la vallée de Graswang, le roi Louis II fit ériger le château de Linderhof en style rococo. La construction de l'édifice de petite dimension, mais aux aménagements somptueux, dura de 1870 à 1878. Le parc de 50 hectares qui entoure ce château de contes de fées comprend un jardin à la française.

Diese „mittelalterliche" Idealburg entstand erst um 1870/86 nach den Vorstellungen König Ludwig II. von Bayern, der sich in seinen späten Jahren hier in scheuer Zurückgezogenheit gerne aufhielt. Heute defilieren täglich Tausende durch das prunkvolle Innere mit dem Sänger- und dem Thronsaal. Das königliche Arbeitszimmer ist im romanischen Stil gehalten, hier zog sich Ludwig für seine Regierungsgeschäfte zurück. Die Beleuchtungskörper bestehen aus vergoldetem Messing. Die Gemälde des Arbeitszimmers drehen sich alle um das Thema des „Thannhäusers" und den Sängerkrieg auf der Wartburg. Der Sängersaal mit den Bildern zur Parzival-Sage ist dem Sängersaal auf der Wartburg nachempfunden. König Ludwig hatte die Burg 1867 besucht. Ebenso wie die Opernwelt Richard Wagners übte sie auf seine Burgenplanung großen Einfluss aus. Für den Bau und die Ausstattung des Schlosses (das nicht vollendet wurde) gab Ludwig II. zwischen 1869 und 1886 etwas mehr als sechs Millionen Mark aus. Am 10. Juni 1886, morgens um vier, wurde der König auf Schloss Neuschwanstein gefangengenommen. Am 13. Juni war er tot.

The castle, typifying everything "medieval", was not in fact built until 1870/86, by King Ludwig II of Bavaria, who liked to retreat here shyly in his later years. Today, thousands file through the resplendent interior daily, with its Singers Gallery and throne room. The royal study is designed in Romanesque style. This is where Ludwig withdrew to deal with affairs of state. The lighting fixtures are made of gilded brass. The paintings in the study revolve round the topic of Thannhäuser and the war of the singers on the Wartburg. The minstrels' hall, with its murals of the Parsifal legend, was modelled on the minstrels' hall of the Wartburg (Thuringia). Ludwig's plans for Neuschwanstein were greatly influenced by his visit to the Wartburg in 1867, and of course by the romantic world of Wagnerian opera. Neuschwanstein was never completed, though Ludwig spent over 6 million marks on the building and interior between 1869 and 1886. Considered unfit to rule, he was arrested at Neuschwanstein on 10 June 1886. Three days later he was dead.

Ce château «médiéval» a en fait été construit en 1870/86 d'après une conception de Louis II de Bavière qui s'y retira souvent, loin du monde, durant ses dernières années de gouvernement. Aujourd'hui, il est visité quotidiennement par des milliers de personnes qui admirent ses intérieurs somptueux dont la salle du trône et la salle des chanteurs. Le cabinet de travail où le roi traitait les affaires de l'État est aménagé en style néo-roman. Les lampes sont en laiton recouvert de feuilles d'or. Les fresques splendides évoquent la légende de Thannhäuser et la «bataille des troubadours» de la forteresse Wartburg, deux thèmes repris par Wagner. La Salle des Chanteurs (Sängersaal), avec des scènes de la légende de Parsifal, est une reproduction de la salle du même nom qu'abrite la forteresse de la Wartburg, visitée par Louis II en 1867. Outre la Wartburg, les opéras de Wagner inspirèrent le roi dans la planification du château. Entre 1869 et 1886, il dépensa plus de 6 millions de marks pour la construction de l'édifice qui ne fut jamais achevé. Le 10 juin 1886, à quatre heures du matin, Louis II, déclaré fou par ses proches, était arrêté à Neuschwanstein. Il mourait mystérieusement le 13 juin.

© Copyright by: ZIETHEN-PANORAMA VERLAG
D-53902 Bad Münstereifel · Flurweg 15
Telefon: 0 22 53 - 60 47 · Fax: 0 22 53 - 67 56
www.ziethen-panoramaverlag.de

3. Auflage -aktualisiert-

Redaktion und Buchgestaltung: Horst Ziethen
Texte: Dr. Walter Stelzle

Die Textkonzeption und die Fremdsprachen-Übersetzungen wurden mit freundlicher Genehmigung des Fremdenverkehrsamtes der Landeshauptstadt München zur Verfügung gestellt und stammen zum Großteil aus dem Katalog „Traumstadt München".

Gesamtherstellung:
ZIETHEN-Farbdruckmedien GmbH
www.ziethen.de

Buchbindung: Leipziger Großbuchbinderei

Printed in Germany

ISBN 3-929932-96-2 · D/E/F mit „MÜNCHEN"-Titel
ISBN 3-929932-97-0 · Ital./Span./Jap.

BILDNACHWEIS / TABLE OF ILLUSTRATIONS / TABLE DES ILLUSTRATIONS

Seiten:
MAURITIUS Bildagentur . . . . Titelbild, 10, 13, 14, 15(2), 18, 19, 20, 21, 26, 27, 29, 33 o.,34, 35, 36, 40, 42(2), 44(2)u., 45r., 50, 55, 59, 61, 62, 63,66,
Bayrische Verwaltung der staatlichen Schlösser, Gärten und Seen . . . . 37, 38(2), 39(3)
Urs F. Kluyver . . . . 12, 22, 23, 24 o., 30, 31, 33 u., 41, 49, 52 u.r.
Horst Ziethen . . . . 9, 11, 16a, 25(2), 28, 32 o.l., 32 u.r., 43, 44 o., 67
DIZ München . . . . 16b, 32 o.r., 32 u.l., 53 o.
DPA . . . . .45 l., 46, 53 u.(2)
Gerold Jung . . . . .52 u.l., 54, 58
Blume-Bild 47, 48, 51
ARTOTHEK, München 56, 57
Alois Dallmayr . . . . .24(2)u.
ZVP-Archiv: 17, AKG: 60; Flughafen München/Werner Hennies: 64; Marco Schneiders: 65; Fritz Mader:68; Josef Beck: 69, 70; Horst Zielske: Rücktitel; BA Rudolph: 71; BA Schapowalow: 72,

KARTENVERZEICHNIS:
Vorsatzseiten: Ausschnitt aus der Deutschland-Panorama-Karte von Mairs Geographischen Verlag
Nachsatzseiten: München-City-Stadtplan von Huber Karthographie